VdN

Ehrhardt Heinold

Neunerlei und Gänsebraten

Eine literarisch-kulinarische
Reise ins Erzgebirge

Mit einem erzgebirgischen Küchen-ABC

Verlag der Nation

Umschlagabbildung vorne: Foto Günter Pump
Umschlagabbildung hinten: Zeichnung Hans Reichelt,
Aus: Manfred Bachmann, Spielzeug aus dem Erzgebirge,
Verlag der Kunst, Dresden 1994

Bibliografische Information der Deutschen Nationalbibliothek
Die Deutsche Nationalbibliothek verzeichnet diese Publikation in der Deutschen Nationalbibliografie; detaillierte bibliografische Daten sind im Internet über http://dnb.d-nb.de abrufbar.

Bildnachweis:
Die Abbildungen stammen aus den Archiven des Verlags und des Autors.

Gesamtherstellung: Husum Druck- und Verlagsgesellschaft
Postfach 1480, D-25804 Husum – www.verlagsgruppe.de
ISBN 978-3-373-00531-5

Ein paar Worte zur Einführung

I.

Wer von erzgebirgischer Küche hört, denkt dabei vermutlich sofort an das „Neunerlei“, das geheimnisumwobene Heiligabend-Festessen, aber auch an Gerichte wie Ardäppelsupp, Beerenknitsch, Buttermilchgetzen, Dalken, Latschen, Nackete oder Rauchemaad, Saure Klitscher, Stamps und Stopper bis hin zur Zudelsupp. Die Begriffe belegen, dass es sich um eine eigenständige Regionalküche handelt, aus wie vielen Quellen sie sich auch speisen und wie viele lokale Besonderheiten sie auch aufweisen mag.

Was wir unter erzgebirgischer Küche verstehen, sind die Gerichte, die sich im Lauf der Zeit nach der Einführung des Kartoffelanbaus in der Region entwickelt haben und in mancherlei lokalen und familiären Variationen noch heute auf dem Speisezettel stehen. Auch eine Reihe von Gasthöfen pflegen die Tradition mit ausgewählten Gerichten und beleben damit ihre Menükarte auf erfreuliche Weise. Kennzeichen der Speisen ist weniger die Originalität der Rezepte und Zutaten, sondern ihre Bodenständigkeit und Schlichtheit, sozusagen getarnt unter mehr oder minder exotisch anmutenden mundartlichen oder umgangssprachlichen Namen.

Im Jahre 1988 machten sich Fernsehkoch Kurt Drummer und Käthe Muskewitz auf und sammelten Rezepte für „Volkstümliche Gerichte aus der DDR“, um sie in einem Buch zu veröffentlichen. Im Vortext zum Kapitel „Zwischen Meißen und Markneukirchen“ notierten sie mit großem Erstaunen: „So paradox es klingt: Die interessantesten Rezepte dieses Kapitels stammen aus den kleinen, kalten und verräucherten Küchen der Erzschürfer und Holzfäller, der Strumpfwirker und Posamentenmacher. ‚Not macht erfinderisch‘, sagt ein altes Wort, und die erzgebirgischen Hausfrauen haben es jahrhundertelang in die Praxis umgesetzt. Aus einfachsten Zutaten entstanden hier in immer wieder anderen Zusammenstellungen Gerichte, die nahrhaft und schmackhaft zugleich sind, wie zum Beispiel die ‚Grünen Klöße', die heute zu den gastronomischen Spitzenreitern zählen."

II.

Als das Erzgebirge vom 12. Jahrhundert an besiedelt wurde, kamen die Zuzügler unter anderem aus Bayern, Franken, Thüringen und Hessen. Sie stießen im östlichen Teil und in manchen westlichen Tälern auf slawische Bewohner. Aus den Ansässigen und den vielen Neuankömmlingen der verschiedensten deutschen Stämme entstand eine typische Mischbevölkerung wie überall in Sachsen. Das mag die begriffliche Vielfalt der erzgebirgischen Küche mit erklären, obwohl sie sich wahrscheinlich erst nach der Einführung der Kartoffel spezifisch ausgeprägt hat. Jedenfalls lassen sich sorbisch-wendische sowie nachbarliche Einflüsse aus den Herkunftsländern der Siedler und aus dem österreichisch und tschechisch geprägten Böhmen in der Küchensprache nachweisen. Das „Erzgebirgische Küchen-ABC" im Anhang ab Seite 181 führt dafür Beispiele an.

Die Ernährung im alten Erzgebirge war weitgehend von der Höhenlage mit kurzen Sommern und langen Wintern und damit einer kargen Landwirtschaft geprägt. Die Einführung der Kartoffel vornehmlich im 17. und 18. Jahrhundert erwies sich als wahrer Segen. Eine wichtige Rolle spielte auch der Flachsanbau, der neben Leinöl aus Leinsaat auch Leinkuchen als Futtermittel sowie Flachsfasern zur Herstellung von Geweben lieferte. Allgemein galt die Ziege als „Kuh des kleinen Mannes". Die wild-, beeren- und pilzreichen Wälder sowie fischreiche Bäche und Teiche boten ergänzende Kost zu den Erzeugnissen der regionalen Landwirtschaft und zu den von weit her eingeführten Produkten wie zum Beispiel Stockfisch und Hering.

III.

Eine entscheidende Rolle in der Entwicklung des Erzgebirges und der Lebensumstände seiner Bewohner spielten der Bergbau vom 12. Jahrhundert an und die Umwandlung in eine bedeutende Montanregion bis gegen Ende des 15. Jahrhunderts. Viele damit zusammenhängende Probleme harren noch der Erforschung. Dazu gehört auch eine umfassende Geschichte der Ernährung. Dieses Fazit zog Uwe Schirmer 1997 in seiner Untersuchung „Ernährung im Erzgebirge im 15. und 16. Jahrhundert – Produktion, Handel und Verbrauch". Darin trägt er vor, dass nach dem Beginn des Silberbergbaus um 1500 in der Region um Schneeberg, Annaberg und Zwickau, später auch in Marienberg und Joachimsthal 50 000 bis 70 000 Menschen lebten, die aus den bäuerlichen sowie den typischen Nebenerwerbsbetrieben der Region allein nicht ernährt werden konnten. Neben den für die Landwirtschaft ungünstigen Klima-, Boden- und Wegeverhältnissen ist die seinerzeitige Bevölkerungsdichte einer der Gründe für den Ruf des alten Erzgebirges als Region mit einer kargen Küche. Dazu kamen tiefe Einschnitte durch Missernten, Teuerungen, sozial bedingten Mangel, Hunger- und Kriegsnöte im Laufe der Geschichte – bis in die Mitte des 20. Jahrhunderts mit dem Zweiten Weltkrieg und seinen Folgen.

Sebastian Münster stellte in seiner „Cosmographia universa" von 1544 in Bezug auf die erzgebirgischen Bauern fest: „Ihre Speis ist schwarz Roggenbrod, Haferbrei oder gekocht Erbsen mit Linsen." Man sieht: Es war ein weiter Weg von der mittelalterlichen und frühneuzeitlichen Alltagsnahrung, die weitgehend aus verschiedenen Sorten von Brei und Suppen sowie Brot und wenig Fleisch bestand, über den Einbezug von Kraut, Rüben und Kartoffeln bis hin zur bürgerlichen Küche des 19. und 20. Jahrhunderts und zur heutigen industriellen Nahrungsmittelproduktion.

Hinweise zu den Ernährungsgrundlagen und Essgewohnheiten im alten Erzgebirge finden sich bei frühen Chronisten wie Christian Lehmann (1699), Christian Meltzer (1683 und 1716) und Christian Gottlob Wild (1807) bis hin zu Volkskundlern des 19. und frühen 20. Jahrhunderts wie Moritz Spieß (1862) und Ernst H. H. John (1909).

Eine lesenswerte Studie zum Thema veröffentlichte Curt Müller-Löbau 1919 und 1920 in den „Mitteilungen des Vereins für Sächsische Volkskunde und Volkskunst". Darin greift er auch auf frühere Publikationen zum Thema zurück. Auszüge daraus finden sich als Nachwort in dem von mir herausgegebenen Kochbuch „Ardäppelsupp und Zwiebelquark" (3. Auflage Husum 2009). In jüngerer Zeit hat Gotthard Schicker im Nachwort zu seinem Buch „Gutgusch'n" (1991) eine Übersicht über die Geschichte des Essens und Trinkens im Erzgebirge veröffentlicht. Und Erhard Liebscher hat in der Erzgebirgsvereins-Zeitschrift „Glückauf" im Januar/Februar 2008 anschaulich nicht nur über das Essen vor einem Dreivierteljahrhundert, sondern auch über die damaligen Tischsitten berichtet.

IV.

Was Curt Müller-Löbau „das liebe Essen und Trinken im Gebirge" genannt hat, nimmt in der erzgebirgischen Literatur einen breiten Raum ein. Damit sind wir beim vorliegenden Buch angelangt. Es versammelt rund 80 Gedichte, Lieder und Geschichten von rund 50 erzgebirgischen Autoren des 19. und 20. Jahrhunderts, in denen es um Essen und Trinken geht. In diesen Texten tritt der erzgebirgische Volkscharakter besonders deutlich zutage. Bescheidenheit und Anpassung an die gegebenen Lebensverhältnisse gehören ebenso dazu wie Eigenständigkeit und Eigensinn, Sichabfinden mit den Mühen des Alltags wie die Bereitschaft, den jährlichen Festkreis zu üppigen Festmählern und Trinkgelagen zu nutzen. Goethes Vers „Sauere Wochen, frohe Feste" traf auf das alte Erzgebirge wörtlich zu. Aus vielen Beiträgen lugt der erzgebirgische Schelm hervor, und wo die Begebenheiten nicht wahr sind, so sind sie doch gut erfunden. Fast allen Texten wohnt eine gewisse Treuherzigkeit inne, die nicht zeitbedingt und altmodisch, sondern für den Menschenschlag charakteristisch ist.

Wenn es um Essen und Trinken geht, sind die Erzgebirger ganz bei sich. Deshalb sind auch viele der Lieder, Gedichte und Geschichten zu diesem Thema in Mundart verfasst. Bei der Arbeit an der vorliegenden Auswahl trat ein wahrer Schatz an solchen Texten zutage, und es wäre schade gewesen, ihn nicht zu heben. Eine Übersetzung ins Hochdeutsche hätte den ausgewählten Stücken ihre Kraft und Originalität genommen. Sie verbot sich deshalb von selbst, von den rechtlichen Problemen ganz abgesehen. Auch schien es Verlag und Herausgeber gerade richtig, auf die Kraft der Mundart zu vertrauen, während sich von den Funk- und Fernsehmedien her immer weiter ein glatt geschliffenes, formelhaftes und abstraktes Hochdeutsch verbreitet.

Die Sprache der Erzgebirger aber ist bildhaft und konkret. Das zeigen alle Texte, die in diesem Buch versammelt sind. Es lohnt sich, die Mundarttexte gelegentlich laut zu lesen, für sich und vor anderen. Das fördert das Verständnis und führt zu einem besonderen Lesegenuss. Auch ist dem Buch ein alphabetisches Verzeichnis derjenigen Mundartausdrücke beigegeben, die sich nicht so leicht erschließen. Das trifft vor allem auf ältere Texte zu, die wir aufgenommen haben, weil sie kraftvoll und schön sind und ein Bild des alten Erzgebirges vermitteln.

Es entspricht der Eigenart der Erzgebirger, dass es weder eine einheitliche Mundart noch gar eine einheitliche Rechtschreibung gibt. Zu unserem Glück sind alle Versuche gescheitert, die mundartliche Schreibweise auf eine Norm festzulegen. Jeder der hier aufgenommenen Autoren hat geschrieben, wie ihm der Schnabel gewachsen ist, das heißt wie er seine Muttersprache erlernt hat. Gerade die Vielzahl von Individualitäten macht das Besondere der Erzgebirgsliteratur aus.

V.

Es sich auch in bescheidenen oder gar misslichen Umständen gemütlich machen zu können, ist eine Eigenschaft, die eine gute Fee den Kindern des Erzgebirges noch heute in die Wiege legt. Wie selbst einfache Speisen genossen, wie andächtig Sonntags- und Feiertagsspeisen sowie der überkommene Stollen zubereitet und verzehrt werden, das sind die besten Beweise dafür, wie wirksam diese Feengabe ist.

Um allen Aspekten erzgebirgischen Alltags- und Feiertagslebens und den Besonderheiten der heimischen Speisekarte gerecht werden zu können, wurden die aus einem reichen Fundus ausgewählten Texte zu neun Themenkreisen zusammengefasst. An der Spitze stehen die Kartoffel- und Pfannengerichte, die in der erzgebirgischen Küche überwiegen und so vielfältige wie absonderlich anmutende Namen tragen. Ihnen folgen die ganz, ganz einfachen Gerichte, mit denen Erzgebirger glücklich gemacht werden können. An dritter Stelle steht das Fischzeug aus Flüssen, Bächen, Teichen und dem fernen Meer. Einen besonderen Platz nahm – viertens – im alten Erzgebirge das Hausschlachten ein. Damit sind wir fünftens bei den Sonntags- und Festtagsspeisen und auch beim mythischen Neunerlei. Das sechste Kapitel handelt vom Durst – oft vom großen Durst – daheim und im Wirtshaus. Von da an geht es zum Eingemachten: Alles, was geerntet, gepflückt, gesammelt und eingeweckt wird, füllt den Keller und das siebte Kapitel. Im achten Kapitel sind wir beim „königlichen Kindlein“, dem Christstollen, angelangt. Zu ihm gehört unweigerlich das „Töppl Kaffee“, ohne das der Erzgebirger ebenso wenig leben kann wie ohne das, was „Sießguschn“ so gern genießen. Mit diesem neunten Kapitel schließen sich der Magen und der Kreis der Themen.

Ehrhardt Heinold

Von guten Assen un Trinken

De Menschen sei oft net zefrieden,
’s is mannichsmol aa schwer, dos Labn.
Doch ’s hoot uns aa ewos beschieden,
dos tut en Lust un Laune gabn:
Mer ißt un trinkt e fünkel gut,
do kriegt mer wieder Lust un Mut,
mer hoot von Labn esu
doch nischt dervu!

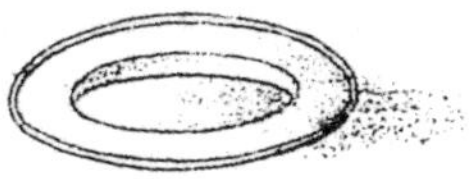

Zu rachten fetten Schweinebroten
mit Spack un Nelken schie gespickt,
do bie ich racht garn eigeloden,
un do ward mannichs Stick verdrickt.
Un gibt’s derzu en griene Kluß,
bal wie en Kinnerkopp su gruß,
do werd’s erscht richtig schie,
mer läßt nischt stieh!

Ihr Leit, wos schmiert mer of de Bemme?
Doch Sirup, Butter, Senf un Fett;
mit Pflaumemus, do kennt ihr schlemme,
vergaßt mer när dos Feinste net!
Dä ’s beste drubn bei uns derhem,
dos is e richtge Leiölbemm!
War’sch noch net kenne tut –,
die schmeckt fei gut!

Wenn mir Geburtstog feiern taten,
un war derhem aa sinst wos lus –;
wenn mir’sch do unnrer Mutter saaten –,
do buk se uns en Hefenkluß.
Wos hatt do jeds e gruße Fraad,
wenn’s e Rosinig finden tat!
Mer tunket ’s Stückel glei
ins Kaffeetippel nei.

E Kindtaaf is ewos ganz Schienes,
wenn mer bluß Fraßgevatter is.
Mer kaaft en Strauß mit racht viel
Grienes, dos frät de Weibsen ganz gewiß.
Mer ißt, bis werd die West zu eng –,
dar Strauß, dar kost doch sachzig Pfeng,
dos brängt de Kindtaaf fei
aa wieder ei!

Familienfast, die sei mei Labn,
Ob's Hochzig oder Kindtaaf is.
Dos schännste doch, ihr könnt mer'sch glaabn,
Dos is e Sauläd ganz gewiß.
Dä Schwertelflesch un Brotworscht sei
doch 's Schennste bei dar Schweinerei;
mer läppert Stick fer Stick –
du Ugelick!

Der Rauchemaad en Varsch ze singe,
is, weßderhole, gar net leicht,
wie soll der Lubpreis racht gelinge,
wu unnre Sprooch derzu net reicht!
Der greßte Koch hoot nischt entdeckt,
wos besser wie e Packs uns schmeckt:
Wie bist du delekat,
o Rauchemaad!

Wenn bal der Sommer will vergiehe,
do kimmt fürn Moong e neie Gitt:
de Berken- un de Stäpilz stiehe,
mer tritt bal drauf bei jeden Schritt.
Un stinne Stäpilz e wing schlacht,
is en e jeder Täubling racht;
mer fräß de Stockschwamm aa –,
när Butter naa!

Sieht mer in Harbest Gung un Madle,
die hobn e schwarzes Guschel dra.
Aus jeden Dorf un aus de Stadtle
lefts naus in Wald, ob Gruß, ob Klaa!
E Flaschel hobn se imgehängt,
daß jeds när racht viel Schwarzbeer brängt;
un Millich draufgeschütt –
du gruße Gitt!!

Zur Kermeß, do gieht's erscht ze Foden,
do nimmt de Frasserei kä End:
Gans-, Hos-, Schwein-, Schöps- un Karpenbroten,
Forelln un Sauerkraut un Lend.
Do stoppt sich voller Fraa un Maa,
bis kens mehr richtig laafen ka –;
mer left in Gasthuf naus,
do tanzt mer'sch raus!

Un kimmt nu endlich ra Weihnachten,
do komme Butterstolln ins Haus,
an Heiling Ohmd gibt's Gans ze schlachten,
en Hos zieht mer de Pelzgack aus.
E jeder – mit Respekt ze soong –
frißt, daß er sich verderbt ne Moong;
un ob de Fraa aa redt,
mer hört doch net!

War redt von arzgebergschen Assen,
dar markt: Es gibt es mancherlä!
Mer wolln de Hauptsach net vergassen:
frogt jemand mol: „Wos ass'n mer dä?“
Do sogt gewiß die Mutter drauf:
„Ich hul e Körbel Ardepp rauf,
en Haarig hult noch rei!“
Die Tafelei!!

Von Assen hobn mer nu gesunge,
nu kimmt aa noch dos Trinken dra!
Es gibt ewos, dos werd verschlunge
von Boss un Maad un Maa un Fraa.
Dos is net Bier un Schnaps un Wei,
ihr Leit, wos soll dä weter sei?
Dir gilt mei höchstes Lob:
o Kaffeetopp!

Ihr Leit, nu rot ich eich dos Ene:
aßt alles dos, wos ich gesaat;
dos alles schmeckt, dos will ich mene,
su fei un aa su delekat.
Un warn dos alles net gut genung,
der schaff sich a e neie Zung,
Dann werd er aa in Husch
e Gutschmeckgusch!

Max Wenzel

„Rauchemad un Kließ un Getzen
brengt kaa Mensch wie mir zesamm“

Von des Erzgebirgers liebsten Speisen

Wenn ein Nahrungsmittel für das Erzgebirge charakteristisch ist, dann ist es die Kartoffel, eine Kulturpflanze, die auch im Gebirgsklima und auf Gebirgsböden gut gedeiht. Ihre Heimat sind die südamerikanischen Hochanden, von wo aus sie im 16. und 17. Jahrhundert den Weg nach Europa fand und über das bayerische ins sächsische Vogtland, von da ins Erzgebirge kam.

Wo viele Kartoffeln angebaut werden, werden auch viele verzehrt. Und damit es nicht zu eintönig wird, entstand eine Vielzahl von Rezepten. Jede Teilregion des Erzgebirges hat ihre eigenen Kartoffelgerichte wie Getzen, Rauchemaad und Griene Kließ. Das Motto des folgenden Kapitels stammt von dem Mundartdichter Bruno Herrmann. Er war Bürgermeister von Lauter im Westerzgebirge. Dort und im mittleren Erzgebirge heißen Kartoffeln „Ardäppeln“, im östlichen Teil des Gebirges „Apern“ oder „Arbern“, zurückzuführen auf Erdbirne. Damit wurde ursprünglich der etwa gleichzeitig mit der Kartoffel eingeführte Topinambur bezeichnet, der bis ins 19. Jahrhundert hinein eine Rolle spielte. Johann Friedrich Baumann führt in seinem Buch „Der Dresdener Koch“ 1844 neben 17 Gerichten für Erdäpfel immerhin vier für Erdbirnen auf. Heute gibt es diese Knolle fast nur noch im Naturkosthandel.

E. H.

Dorten drubn sei mir derham

Wu sich Sachsen grenzt mit Bähme, Berg un Walder schockweis stieh, hunnert Bachle munter rauschen, Blümle uhne Zohl still blüh, dorten drubn sei mir derham, derham, dorten gibt's e lustigs Laabn, e Laabn. Nirgnds aah is de Walt su schie! Uns zieh's nooch der Haamit hi, uns zieht's nooch der Haamit hi.

Alle Stadle, Dörfer, Haisle gucken hall ins Tol ubn nei, un de Leit mit flessing Händen basteln zamm viel Wunner fei. Dorten drubn …

Satt, bei Krax un Klippelsackel sei mer frisch un sei mer fruh, singe, springe, lachen, scheekern, tanzen, un verwugn gieht's zu. Dorten drubn …

Rauchemad un Kließ un Getzen brengt kaa Mensch wie mir zesamm, un schickt Gott emol e Watter, is mer net gleich flügellahm. Dorten drubn …

Bruno Herrmann

Aardäppel-Lied

Wos unnern Haisern is de Kirch, der Toler unnern Gald, dos is fürn Bauer in Gebirg a schiens Aardäppelfald. Bringt daar zer Ernt de Säck vull rei, kast soot dich net dra saah. Un sei aah Faule oft derbei, dos gibt's wu annersch aah, un sei aah Faule oft derbei, dos gibt's wu annersch aah.

Hei, wie dos dampt un wie dos riecht, wenn rei de Schüssel kimmt, wenn rachts un links der Schäler fliegt un Zeit sich kaaner nimmt! Doch bi gescheit un knauser net mit Butter oder Quark, mit Grumpele, mit Wurscht un Fett, noort werscht de fett un stark.

Öb du se nu „gebroten“ ißt, öb „sauer“ oder „süß“, öb du se garn wie Kugeln ißt als „Topp-“ un „Grüne Kließ“, öb „eigeschnieten“ oder „rund“ – „mit Mantela“ haaßt's aah – se schmecken gut ze jeder Stund – ball is de Schüssel raa.

Daar aane schwärmt für „Rauchemad“ un Kuchen aus der Rähr; daar hot an „Getzen“ seine Fraad, an „Salat“ noch vielmehr. A annrer liebt „Aardäppelsupp“, aah „Stamper“, „Spalten“, „Brei“; un is mer net a Zimmetpupp – do schmeckt ann alles fei.

Drüm werscht, Aardäppel, du geehrt, dir bi ich orndlich gut. Ich halt dich huch, wie sich's gehärt, un racht wie's liebe Brut. Garn lob ich dich mit Herz un Mund, ka's net su von mer gaabn – när dos sog ich aus Herzensgrund: „Aardäppel, du sollst laabn!“

Hans Siegert

Getzen un Pflaume schmecken gut, : die schmecken gut; : un de Ardäppeln un de Rauchemad sei ne Bergma sei Sunntigsfrad!

Annaberger Bergmannsmarsch

Wie die Kartoffel ins Erzgebirge kam

Um die Einführung der Kartoffel in Sachsen ranken sich die verschiedensten Geschichten. Dabei taucht immer wieder die Behauptung auf, die Kartoffel sei in Deutschland zuerst im Vogtland angebaut worden.

Tatsächlich ist Kartoffelanbau 1694 in Pilgramsreuth, nicht im sächsischen, sondern im bayrischen Vogtland belegbar. Das Verzeichnis der zehntbaren Felder in der Pfarrei des Ortes weist in diesem Jahr „639 Beete an Kartoffeln" aus. Pilgramsreuth ist heute ein Ortsteil von Rehau. Dort wurde 1990 einem Hanns Rogler ein Denkmal errichtet, der bereits 1647 die ersten Kartoffeln am Ort angebaut haben soll. Außerdem verleiht Rehau seit 1999 alljährlich die „Goldene Kartoffel". Aus dieser Gegend jedenfalls ist der Kartoffelanbau um 1700 herum ins übrige Vogtland, ins Erzgebirge, nach Oberfranken, in die Oberpfalz und nach Thüringen weitergewandert – alles Gegenden, in denen Kartoffelgerichte bis in die Gegenwart eine wichtige Rolle spielen.

Oft wird kolportiert, Friedrich der Große, König in Preußen, habe die Kartoffel in Deutschland eingeführt. Daran stimmt nur, dass er sie seinen Untertanen am 24. März 1756 im sogenannten Kartoffelbefehl verordnet hat. Der König wurde 1712 geboren, aber einen ersten schriftlichen Nachweis im sächsischen Vogtland gibt es schon um 1680 in einer Gerichtsakte um einen Streit in Schönberg und einen weiteren über Kartoffelanbau durch Alexander Christian von Beulwitz (1786–1854) auf seinem Landgut Erlbach bei Markneukirchen aus dem Jahre 1715. Von diesen Keimzellen aus wandert die neue Kulturpflanze rasch weiter und man begegnet ihr bald im Auerbacher Waldrevier, 1712 in Annaberg und 1722 in Freiberg.

E. H.

Meine Großmutter hatte eine Vorliebe für billige Gerichte

Meine Großmutter [...] hatte eine Vorliebe für billige Gerichte. Dazu gehörten die meisten Kartoffelgerichte, neben Eintöpfen und Klößen vorzugsweise Puffer, von ihr „Klitscher“ genannt, Rauchemat und Getzen. Die Großmutter buk zwei Arten von Getzen: Heidelbeergetzen und Buttermilchgetzen. Anton aß am liebsten Buttermilchgetzen. Der wurde in einer rechteckigen schwarzen Blechpfanne gebacken; an Tagen, da der Großvater frei oder Spätdienst hatte. Mein Großvater, Antons Vater, arbeitete damals als Weichensteller. Die übrige Zeit, sechs Stunden Schlaf abgerechnet, verbrachte er im Wald oder auf dem Holzplatz. Wenn die Großmutter sagte: „Morgen gibt es Getzen“, verfügte sich der Großvater auf den hinter dem Haus gelegenen Holzplatz. Dort hackten und lagerten die Hausbewohner ihre Holzvorräte. Wurzelstock- und Scheitholz wurde in Mieten, Reisig in Schobern gelagert. Je höher die Mieten und Schober, desto größer das Ansehen. Die Großmutter hielt auf Ansehen. Bis zu ihrer Erkrankung, elf Jahre vor ihrem Tode, besaß sie nie weniger als drei Stockholz- und zwei Scheitholzmieten, mannshoch, alle mit steinbeschwerter Dachpappe abgedeckt, und etliche Reisigschober. Einen Schober musste der Großvater am Getzentag hacken und zu Bündeln portionieren. Als Junge musste Anton bündeln helfen und, war der Schober gehackt, die abgefallenen Fichtennadeln mit einem Rutenbesen zusammenkehren und in eine Metze füllen. Der Holzplatz war stets gekehrt. Damals, vor dem Ersten Weltkrieg, aber auch später, immer am Getzentag, stand die Großmutter zeitig auf und kaufte Buttermilch ein – wer zuerst kam, hatte größere Chancen, einige von den obenauf schwimmenden Butterklümpchen zu bekommen. Im Laufe des Vormittags dann holte der Großvater einen Eimer voll großer Kartoffeln aus dem Keller. Die schälte die Großmutter und rieb sie auf dem Reibeisen. Anton erinnerte sich noch genau, dass sich die Wölbungen vom Reibeisen unter den Händen der Großmutter schnell abplatteten, der Großvater behauptete, sie wäre ein „Umbringer". „Imbränger", sagte Anton, Großvaters Dialekt nachahmend, seine Kaffeegäste warfen sich mit den Rücken gegen die Stuhllehnen und lachten. Anton strich sich den kahlen Schädel und schilderte den angedeuteten Vorgang genauer, er beschrieb, mit welcher Intensität die Großmutter das Unterkinn herausdrückte und dass er am liebsten ganz dicht neben der großen, außen blau, innen weiß emaillierten Schüssel gesessen hätte, um zuzusehen, wie eimerweis Kartoffeln zu Mus gerieben wurden. Das Mus schüttete die Großmutter auf ein feines Sieb. Darin verlor es Wasser, das in einer Schüssel aufgefangen wurde. Die Schüssel durfte nicht gekippt oder sonst wie bewegt werden, damit sich das Kartoffelmehl ablagern konnte. Nach einer Weile wurde das braune Wasser abgegossen, in einen emaillierten Krug, die Großmutter hatte verschiedene Krüge auf dem Abwaschtisch stehen, aus denen sie abwechselnd trank, auch Bohnenwasser, übrig gebliebenen Zichorien-Kaffee oder Teeneigen schüttete sie ihr Lebtag nicht weg, bevor die Flüssigkeiten ihren Magen passiert hatten. Nun durfte Anton, als er noch ein Junge war, frisches Wasser in die Schüssel schütten und den grauen Kartoffelmehlgrund mit den Fingern aufbohren. Diese angenehme Beschäftigung wiederholte er etwa in Stundenabständen so lange, bis das Mehl ausgewaschen, weiß war und auf der links im Herd eingebauten Wasserpfanne getrocknet werden konnte. Das dauerte Tage. Getzenbacken selbst dauerte jedoch nur Stunden. Während nämlich die Großmutter Buttermilch unter das verdickte Mus rührte und es mit Salz und Kümmel würzte, saß der Großvater bereits vor der Herdtür und schob Reisig in die Feuerung. Der gemauerte Herd war groß und die Küche schmal, zwischen ihm und dem Tisch maß der Abstand nicht viel mehr als einen Meter, in diesem Gang stand eingekeilt die Großmutter mit ihrem Neigenbauch und war schon achtern halb geröstet, bevor die Herdplatten noch die richtige Farbe hatten.

Wenn man einen Getzen in die Röhre schieben will, müssen die vorderen Herdplatten rot glühen. Großvater putzte deshalb vor jedem Getzenbacken den Ofen aus. Jetzt saß er auf einer Fußbank vor dem Feuerloch, neben sich einen großen Spankorb mit Reisigbündeln, die er jeweils öffnen und halbieren musste, ehe er sie feuerte, er kam nicht mehr dazu, die Herdtür zu schließen, erst sperrte das Reisig aus dem Loch, wenn er nachschieben konnte, war es fast schon verbrannt, der Großvater schob und schob, die Großmutter schwitzte und riss das Fenster auf. Die Küche hatte zwei Fenster, ein großes auf die Straße hinaus und ein kleines rundes, eine Art Bullauge, von dem aus man den Holzplatz sehen konnte. Wenn die Großmutter Kartoffeln rieb, konnte sie den Holzplatz übersehen. Bereitete sie daraus Getzen, konnte sie beobachten, wie der zu Bündeln portionierte Reisigschober dahinschwand. Das wurde Anton von allen Anwesenden entsprechenden Alters einhellig bestätigt, sie begannen sogleich, sich gegenseitig Einzelheiten aus Großmutters Küche zu schildern, das hölzerne Löffelbrett, das Sofa mit den Häkeldeckchen auf der hohen Lehne, die rot gestickten Sprüche auf den Wandschonern, man überbot einander in der Genauigkeit der Schilderung, der Kaffee wurde kalt in den Tassen, Anton hatte Mühe, wieder zu Wort zu kommen. Er ergänzte das Bild der Küche dadurch, dass er ihre Größe mit der der Großmutter ins Verhältnis setzte. Ferner erinnerte er an die bedauerliche Tatsache, daß die Großmutter, seitdem sie krankheitshalber kein Reisig mehr sammeln konnte – der Großvater war inzwischen längst gestorben –, auch keinen Getzen mehr buk. Mit teuren Briketts war kein billiges Gericht zu schaffen. An dieses elegische Moment seiner Geschichte schloss Anton sofort eine intensive Schilderung vom Vorgang des Reisigfeuerns an, die bot ihm Gelegenheit, seine Fähigkeit, Geräusche nachzuahmen, zur Geltung zu bringen. Wir hörten das Fichtenreisig im Herd zischen, knistern, knacken, wir hörten so lange kleine und große Verpuffungsexplosionen, bis wir den Harzduft zu riechen und die Großmutter in der Küche zu sehen vermeinten. Sie passte auf, dass die Speckwürfel in der rechteckigen schwarzen Pfanne, die sie inzwischen in die Röhre geschoben hatte, nicht zu stark ausbrieten und die Zwiebelringe nicht zu braun wurden. Als die Würfel zu glasigen Grieben gediehen und die vorderen Ofenplatten hellrot waren, goss die Großmutter Leinöl zu und füllte die Pfanne mithilfe einer Aluminiumkelle. Die Maße der Pfanne entsprachen der Größe der Ofenröhre. Der hellgraue Teig war etwa drei Zentimeter dick, auf den Oberflächenrändern standen Leinölpfützen. In der Zeit, da der Großvater mit dem leeren Korb zwei Treppen hinunter und hinüber zum Holzplatz rannte, um neues Ofenfutter zu holen, feuerte die Großmutter. Der ständige Temperaturwechsel und die Zugluft in der Küche bewirkten, dass der Großvater regelmäßig, manchmal bereits während des Getzenbackens, zu niesen begann und bald darauf seinen Schnupfen bekam. In diesem Zustand benutzte er abwechselnd zwei Quadratmeter große orangegelbe Satintaschentücher, deren schwarzweißer orientalischer Blattmusterdruck noch stellenweise erkennbar war. Mit einem Taschentuch wischte er ständig Nase und Augen, das andere hing an der Herdstange zum Trocknen. Bisweilen dauerte so ein Schnupfen von einem Getzenbacken bis zum anderen. Die Großmutter war auch immer sehr ungehalten darüber. In den Zwanzigerjahren pachtete sie einen Garten und riet dem Großvater, den Schnupfen mit Äpfeln zu bekämpfen. Aber der Großvater verschmähte Äpfel, er nahm sich vor dem Essen das Gebiss raus. Die Großmutter aß einen Apfel erst, wenn er einen Fleck hatte. Erd- oder Himbeeren, die sie in runden Henkelkörben aus dem Garten schleppte, durften überhaupt nicht frisch, sondern höchstens eingekocht verzehrt werden. Zu Buttermilchgetzen reichte sie kein Kompott, um sich den Genuss an dem Gericht nicht zu verderben. O köstlicher Genuss, sich etwas nicht zu leisten! Großmutter ging mit Großvater auch noch, als die Kinder bereits verheiratet waren, während seines Jahresurlaubs täglich in den Wald. Wurzelstöcke ausgraben oder Reisig sammeln oder Pilze suchen. Sie rissen viel Schuhwerk und Kleidung ab im Urlaub. Die Großmutter hatte bis ins hohe Alter die Fähigkeit, stundenlang mit durchgedrückten Knien in gebückter Stellung zu arbeiten. Anton behauptete, dass sie sich nur in dieser Stellung, den Kopf dicht über der Erde, die Hände in ihr, wirklich wohl fühlte. Er war einundzwanzig Jahre jünger als die Großmutter. Ich war Anton mehr als dreißig Jahre überlegen. Ich hörte ihm mit großem Vergnügen zu. Ich, die Jüngste am Tisch. Das schien ihn zu beflügeln, er sagte sogar verschiedene Namen von Einreibungen auf, mit denen die Großmutter, nachdem die Waldarbeit beendet war, ihre gichtigen Glieder einrieb. Füße und Knie und Hände rieb sie ein, schimpfte dabei, dass die Einreibung nur stinke und nicht helfe, und rechnete in Fudern. Ein Fuder – eine Pfanne Getzen. Wenn der Großvater das letzte Reisigbündel und die dazugehörigen, in der Metze gesammelten Nadeln verfeuert hatte, zog die Großmutter die Blechpfanne mit dicken Topflappen aus der Röhre, stach mit einem Holzspan verschiedenenorts in das inzwischen an der Oberfläche durch öfteres Hin- und Herschieben gelbbraun, an den Rändern schwärzlich gebackene Gericht, betrachtete den Span und stellte die hitzeverbogene Pfanne schließlich, war der Span trocken geblieben, auf den Tisch. Während die Pfanne auskühlte, kehrte die Großmutter provisorisch die vernadelte Küche und den Korridor, setzte große schwarzeiserne Wassertöpfe auf den Ofen und stellte Eimer und Schrubber bereit. Der Großvater wechselte sein Hemd. Anton aber saß damals bereits mit Clemens und Richard und den beiden Schwestern am Tisch und wartete, bis seine Mutter, meine Großmutter, die gelbbraune Kruste mit dem Messer letzte, kreuz und quer, und köstlich duftende rechteckige Stücke aus der Pfanne heraus auf die Teller hob. Alle hätten sich sogleich mit Gabeln über das innen zähe, an den Krusten knusprige Gebäck hergemacht, pustend, schmatzend, behauptete Anton, am meisten aber hätte es zweifellos der Großmutter geschmeckt.

Irmtraud Morgner

De Rauchemad

Im Arzgebirg gibt's Assen, dos schmeckt allen fei;
's is billig, mocht net dick und stillt ne Hunger noch derbei.
Dos Assen is in Stadt un Land bei geden hier bekannt,
vun Arzgebirgern werd es Rauchemad genannt.
Un nu setzt eich an den Tisch, de Rauchemad is noch ganz frisch!

Do braucht mer när paar Ardeppeln, gekocht müssen se sei,
die reibt mer fix un drückt se in ne Pfanne nei.
Wing Salz un Kimmel un paar Löffel Leinöl komm derzu,
dann nei in Ufen, broten, alles fertsch im Nu.
Un nu setzt eich an den Tisch, de Rauchemad is noch ganz frisch!

Im Kongo, in Australien, China, Sansibar,
Sibirien, in Ägypten, auf dem Südpol, das is wahr!
New York, in San Francisco, Wien, Paris, im Kirchenstaat,
ja überall, da schätzt man sie, die Rauchemad.
Darum setzt eich an den Tisch, de Rauchemad is noch ganz frisch!

Kehrreim
Rauchemad wolln mir assen,
Rauchemad muss es sei,
denn se is fei racht schnell fertig
un se schmeckt aa fei.

Rauchemad wolln mir assen,
denn do ham mer gruße Fraad;
immer ran alle Mann,
heite gibt es Rauchemad.

Text und Melodie Wolfgang Richter

Raachemaad

Wenn mer ne alten Zippelpelzehregott freget: „Welche Maad hast de da an liebsten?“, do konnt mer Gift drauf nahme, daß er saat: „De Raachemaad!“ Un dr Zippelpelzehregott war e Maa, dar wußt, wos er wollt! Wos is dos nu vir e Maad? Leit, die net aus unnern Geberg sei, die könnten denken, 's hannlet sich um e racht ugefügs, borstigs Madel! Nä, fei net! Sette gibt's bei uns drham gar net! De Raachemaad is e Maad, wie mer sich's se net schenner denken ka! Schie knusprig, e fünkel fett, oder net ze sehr. Un die Farb! Mer sieht se när garn a! Un gut! Die hoot noch niemanden ewos geta. E Maad, mer möcht sprachen, mit Respekt ze soong: zon Frassen! Und dos werd aa gemacht, da de Raachemaad is werklich ewos zen Assen. Freilich, war gewuhnt is, Austernmuscheln auszetschutzschen – die alten Schweinigeln! – oder Schlogsahne ze löffeln, für sette es mei Raachemaad nischt! Oder guckt emol zon Ohmd in e gebergisch Heisel nei. Do sitzen e Hardel Kinner um Tisch rüm, de Masser in de klenn Hand, un alle Aang hänge an dr Ufenröhr. Do zieht de Mutter e Pfann raus, un e Duft kimmt nei in dr Stub, daß de ganzen Kinner vir Lust bal ken Oden raakrieng. Nu kimmt die Pfann of'n Tisch, un de Mutter tält aus! Dos schmeckt, 's läft en ben Zugucken schie 's Wasser in Maul zesamme, mer sieht en jeden de Gitt richtig a. Mit ener Pfann is oder die Sach noch lang net derledigt; nä, wenn alles noch an der erschten Pfann schnobeliert, do macht de Mutter derweile schie de zwäte zeracht. Un esu gieht dos schiene Gesellschaftsspiel ene ganze Weil fort, bis endlich dos Kind, wos sinsten an mesten assen ka, sich hiesetzt, rächt tief Oden hult un saat: „Nu ka ich oder werklich net meh!“

Raachemaad! Du alter guter Bröckelgötzen, du warscht un bist werklich ze allen Zeiten ewos Guts! Un wenn aa emol net esu viel Spack dra is – wenn de när racht schie bratzlich bist, doß mer dich brachen ka – dann bist de schie racht! Die Leut in der Stadt nenne dich „Packs“, als ob dos esu schie klang wie dei rachter Name! Raache Maad – sicher hast de früher „rachte Maad“ gehaaßen. Un heut noch, wenn ich emol rachten Appetit of drham ho, do soog ich zu meiner Fraa: „Mach när wieder emol e Raachemaad.“

Max Wenzel

Kließassen

Ben Schwanehals hatten se enn klenn Gung aus dr Pöhl ze Besuch. Danhalber gob's ne Sunntig grüne Kließ. Mer wollt sich doch net bereden lossen.

Un war daar Gung ebber ben Zammputzen, hatt'r lang wieder enn frischen Kluß of senn Taller un de ganze Familie is über ne haargefalln un hot geschriern: „Nu hä ebber! Du bist doch ebber noch net soot! Nu schenier dich net, aß, aß, su viel de kast!“ Wie gesat: Mer wollt sich doch net bereden lossen.

Do fang daar Gung a ze heiln un schrier ganz laut: „Bei uns derhaam is esu: Wenn mer soot hot, do darf mer aufhärn!“ Un schu war er zer Tür naus.

Manfred Blechschmidt

De Gummikließ

Theaterspieln tat iech schu als ganz klaa Madel, un de Freid dra hot mr dr alte Oberlehrer Auster, e Freind vun menne Eltern, eigabn. Schu in dr Schul mußt iech öftersch auftraten un ho miech a tüchtig gedecht, wenn iech aus ne Unnerricht zer Prob rausgehult worn bie. Wos war dos for e schiene Zeit!

Nu, un nu kam dos Gahr 1937 mit dr grüßen Feierohmdschau in Schwarzenbarg. Ihr Leit, gesah ham die wühl viele vun eich, un es war e aamolige Sach. Aber iech wend miech itze mol bluß an de Schwarzenbarger: Su richtig mieterlabt hobn doch bluß mir dan Draasch. När die Vorbereiting, dos Gewerch. Weil unner Schul fer dr Ausstellung ausersah war un imgebaut warn mußt, hobn se uns Kinner schu wochenlang zevur rimgereicht wie frische Sammeln. Heit mol zwee Stunden in dr Gewerbeschul un anschließend drei in dr Frauenschul. Ne nächsten Tög drei Stunden in dr Volksschul un noochert nimmgehirzt nooch dr Wilnaa in dr Hannelsschul, noch emol e Stund. Nu, fer uns Kinner war dos net es Schlachteste. Mir hobn unnerwags eweng getrödelt, un schu war e halbe Stund vun Unnerricht waggemaust. Freilich hobn de Lehrer weng gedö-

bert, obr die wollten ja um Aans aah ’eham, un so hobn mr nischt nochzehuln brauchen.

Nu war iech wieder emol zun Theaterspieln for dr Ausstelling miet rausgesucht wurh, un de Proberei ging lus. De Turnhall vun unnerer Schul hatten se imgebaut, net wiederzedrkenne. E Biehne war do un e richtige Budenreih in Sool zengstrim, wu mr alles kaafen kunnt, wos e echter arzgebirgischer Gahrmarkt zu bieten hot.

Dargestellt hobn mir e Familie in Arzgebirg an Heiling Ohmd un wies do zugange is. In dr Giebelstub fahlets an nischt. Ihr sahts of dar alten Fotografie. Links dr Voter, dan spielet dr Schokoladen-Hermann. Ne Bargmaa machet dr Auster-Max nu un noochert war do abn noch de übrige Familie. Labn tunne vun die guten Leit heit bluß noch mir zwee Maad. – Butterstolln, Peremett, Grienerts in sen Bauer an dr Wand, alles war do. Nu, un de Hauptsach vun Ganzen, worim iech die Geschieht drzehl, dos war es Kließassen. Mir spielten vor gelodne Gäst dos Stickel e fei paar Mol. Es Assen war immer dossalbe. Ihr wißt alle, je öftersch mr es Sauerkraut aufwärmt, desto besser werds. Obr probiert dos emol mit de Kließ! E hibsch paarmol hot dos „Heiligohmdassen“ de Prozedur schu über siech ergieh lossen missen. Mir brachten ben Assen bal de Zäh nimmeh vunenanner. Es hot uns orndlich gehubn. Obr dos half nischt, de Kließ wurn aufgewärmt.

O jeh! An en Ohmd korz vurn Auftritt warn de Kließ wag. Iech ho ja heit noch su en Saugung in Verdacht, doß dar se hot verschwinden lossen. Do mußten ubedingt Ersatzkließ har, un su fix warn die net ze beschaffen. Doß mir Arzgebirger erfinderisch sei un uns ze halfen wissen, is weltbekannt! Also aans kam of dan glorreichen Gedanken: Mr huln aus su ner Verkaufsbud paar graue Gummiball, weng Mahl vun Stollnbratt drauf, kochendhaaß Wasser drieber, de Kließ taten dampfen. Nu mußten mir abn ben Assen weng drimrimstochern – dos taten mir ja bei de aufgewärmten Kließ a schu – un när Sauerkraut unner dr Nos neischiebn. „Die warn schu nischt marken do unten!“

Es ging alles suweit ganz gut, när aaner vun die Lausbubn tat emol fest neistachen mit dr Gobel un do machets: Pffff ...! A dos war noch es klennere Übel. Of aamol machet siech obr su e Gummikluß selbstännig un huppet vun Taller ro, glicklicherweise nei dr hinnern Eck. Er hopset eweng, un de Mutter wollt retten, wos ze retten war. Obr statt doß se siech drnoch gebückt hätt, i, kaa Gedank. Se sappet fix mit ne Filzlatsch drnoch, tat ne obr bluß weng an dr Seit drwischen, un dr Kluß schnappet drnabn naus, nei dr annern Eck. Mir Gunge kunnten uns bal es Lachen nimmer verbeißen. E aanzigs Glick när, doß die Stub esu klaa war, doß dar Gummikluß net en richtign Auslauf krieget. De Mutter hot siech nu endlich gebückt un dos Ugelicksding nei ne Kuhlnaamer gefeiert. Do war endlich Ruh. Iech waaß heit noch net, ob es Publikum vun dan Klußdrama wos mietkriegt hot. Mir hobns „vigilant“ ieberspielt, un wie noochert an End de Peremett agezunden wur, brachten mir sugar wieder racht feierliche Gesichter zestand. Un bei dr nächsten Vorstellung gobs endlich frische Kließ.

Helga Großmann

Aardäppelgetzen, Rauche Mad,
grüne Kließ – aah e Frahd! –
gibt's bei uns is ganze Gahr,
sei de Aardäpp net ze rar!

Überliefert, mittleres und westliches Erzgebirge

Rauche Mad

Fern Mogn e Fast, mei größte Fraad,
dos is e Pfannel Rauche Mad.
Setzt mir mei Fraa esu wos hie,
do loß iech gleich enn Broten stieh,
da Rauche Mad, ihr könnt's gelaabn,
dos is ne Güt, dos is e Traam!
Wie mer sche macht? 's is fix beschriebn:
Paar Ardäppeln wardn klaageriebn,
gekochte ober müssen's sei.
Wing Kümmel, Mahl, wing Salz miet nei,
un durchgewalkt dan Bambs, un har
de Pfann, donei wing Fett, wing Schmar,
un festgedrückt, gleich mit der Hand,
erscht in der Mitten, noort an Rand,
un of der Hitz kurz agebroten,
un schu is aah die Sach geroten.
Wie riecht dos fei, wie riecht dos gut,
doß enn der Zah gleich troppen tut!
Dos is wos fer der Fraa ihrn Mannel!
Noort ümgesterzt dos schiene Pfannel,
un ofn Taller, 's Braune ubn,
dos haaße Küchel draufgeschubn,
un racht viel gute Butter na.
War do kenn Appetit kriegn ka,
dar tut mer laad, da Rauche Mad,
dos is un blebt – hm, hm – e Staat!

Manfred Pollmer

Kimmst zeitig früh an's Haisel na, do riecht's nooch Rauchmaad, Rährnkuchen wie de Taller gruß, dos is e wahrer Staat.
Un kimmt nu der liebe Mittig ra, do werd net viel gewählt,
e Topp Ardeppeln of ne Tisch, vo Flaasch werd när derzählt.

Luise Pinc

De Getzenpfann

Wos zieht bluß heite fir a Duft dorch's Haus?
Es riecht su appetitlich, mer hält's kaum noch aus.
Off'n Ufen steht de gruße Getzenpfann,
dohar der Duft, gleich fängt dos Getzenassen an.
Zieht aus der Röhr dann Getzen raus,
er sieht schu goldgalb aus.

Aane Getzenpfann is fei aa racht gut,
wenn dar Maa mol net parieren tut!
Do kriegt der Maa, dar arme Tropf,
vun der Fraa am Ende glech de Pfanne ibern Kopf.
Doch als Versöhnungsschmaus, ja -schmaus,
gibt sie nen Getzen aus.

Dos Getzenassen is hier Tradition,
dos kannten unnre arzgebirgschen Ahnen schon.
Drum tue mir dos Getzenassen weiter pfleg'n;
in der Getzenpfann liegt a wahrer Segen.
Drim wag mit Steak un wag mit Fisch
un Getzen off'n Tisch!

Kehrreim:
Nischt geht über aaner Getzenpfann!
När gut, doß mir aane Pfann für Getzen hann,
denn när in der Pfann gerät der Getzen gut,
när su wird er, wie er uns schmecken tut.
Aane Getzenpfann is gruß un schwar –
wu hatten mir den eigentlich die Getzenpfanne har?
Schu de Grußmutter machte Getzen seinerzeit
in das selben Pfann wie mir noch heit.

Text und Melodie Wolfgang Richter

Drackite Supp

Drackite Supp. Ja, wenn ihr arscht wieder begriffen hätt', wos dos für Geschlapper is, galle? Drackite Supp kasste natürlich aus jeder Supp machen, wenn de dein Topp hinterhar net aufwaschen tust. Dos is aber dann net unner drackite Supp. Du nimmst: Runde Ardeppeln, su im Vogtland – Scheelerardeppeln sogn mir im Arzgebirg – und Pellkartoffeln sogt ihr in Leipzig, Bremen oder sonstwu – die ward'n net gescheelt, när gewaschen – aber ordentlich –, während deine Ardeppeln kochen, hulst'e dei „Flotte Lotte", su hieß in dr DDR-Zeit unner Püriergerät – sei de Ardeppeln gar, machste Brei draus, dar nooch und nooch mit Flaaschbrüh verdünnt ward, bis e Supp entstieht – war sich noch ans Rindflaasch getraut, kaa dos namme, war net, dar nimmt Hühnerbrüh – gewürzt ward mit Pfaffer, Salz, Majora oder Kümmel, paar Rostzwiebeln und, war will, zwee Aßlöffeln saure Sahne – e Spur Zucker und paar Schwamme hebn ne Geschmack noch e bissel in de Höh! Ehrlich, ihr gelabt gar net, wie Zucker es Assen oorunden tut! Ich mach dos aah su, denn ich bie Hobbykoch! Als Hobbykoch brauch ich kaa Kochbuch, ich bie mei Kochbuch salber.

Karl-Heinz Schmidt

Griene Kließ – halb und halb, wie sie meine Mutter machte

Kein erzgebirgisches Feiertagsessen ist ohne *Grüne Klöße* (hier nach dem Rezept „halb und halb“) denkbar. Man nehme 1 kg rohe Kartoffeln, 1 kg gekochte Kartoffeln (am Vortage kochen), 2 Zwiebeln, Salz nach Geschmack, 3–4 Esslöffel Maizena oder Kartoffelmehl, 1 Schöpfkelle Soße oder kochendes Wasser.

Die rohen Kartoffeln schälen, reiben und in warmes Wasser geben (sie bleiben dann schön hell), in einem Leinensäckchen auspressen und mit kochendem Wasser oder Soße überbrühen. Die gekochten Kartoffeln abpellen und durch die „Flotte Lotte“ drehen. Die Zwiebeln zerkleinern, Salz, Maizena oder Kartoffelmehl dazugeben und alles zu einem Teig verrühren, damit man dann die Klöße (etwa faustgroß) daraus formen kann. In der Zwischenzeit das Salzwasser kochen, die Klöße in das kalte ausgepresste Kartoffelwasser tauchen und sofort in das kochende Salzwasser geben. Darin ca. 20 Minuten leicht kochen lassen. Wenn die Klöße an der Wasseroberfläche schwimmen, sind sie gar.

Nach Belieben beim Formen der Klöße 2–3 geröstete Grau- oder Weißbrotwürfel in die Mitte drücken.

E. H.

Erdäppel recht viel uff mei Tischerl,
Ka Schmingerle Butter derbei,
Doch bi ich gesund wie e Fischerl
Un bräng a keen Dokter nischt ei.

Tschumperlied, überliefert, Scheibenberg um 1898

„Iech brock mir gern e Ranftel ei“

Von den einfachen Genüssen der Erzgebirger

Das Ranftel oder Ränftel ist das Endstück des Brotlaibes. In einer Gegend, wo ihm – wie im Motto dieses Kapitels – ein eigenes Gedicht gewidmet wird, sind offensichtlich bescheidene Genüsse geschätzt.

Dazu gehören Leinöl oder Gänsefett zur Scheibe Brot, Würstchen, Saure Gurken, Käse (vor allem von der Ziege) und Quark. Eine der berühmtesten Speisen im Erzgebirge heißt Runde (= Pellkartoffeln) mit Quark und Leinöl. Die heute übliche Scheibe Leberwurst dazu hätte in alten Zeiten gewiss als Völlerei gegolten.

Suppen waren und sind weit verbreitet und zählen fast schon zu den höheren Alltagsgenüssen. Nicht verwunderlich, dass es in Neudorf, einem Ortsteil von Sehmatal, seit 1999 ein Suppenmuseum gibt, das auch bei der Herausgabe eines speziellen Kochbuches „Arzgebirgischer Suppntopp“ mitgewirkt hat.

Gerade weil es im alten Erzgebirge so bescheiden zuging, gab es hier eine besondere Heimatliebe und ein Talent, aussichtslosen Lagen ein Stück Lebensqualität abzugewinnen, sich im Alltag einzurichten und aus allem das Beste zu machen. Die Texte des folgenden Kapitels erzählen davon.

E. H.

Eibrock

Iech brock mir gern e Ranftel ei
un tunk's in Milichkaffee nei
un lack wing Butter ze dan Brut,
un dos schmeckt gut.

Dos hobn se früher viel gemacht
un su jeds Rastel Brut geacht',
dä oft war Gold wart 's bissel Brut,
drüm schmoock's aah gut!

Manfred Pollmer

Ich ditsch mei Semmel,
ich brock mei Bemmel,
biß'l Zucker muß sei,
in'n Kaffeetopp nei.

E. H.

Der Quark quoll mir aus allen Knopflöchern

Weil die Bauern im Sommer keine Zeit für die Instandsetzung ihrer Kleidung erübrigen konnten, blieb alles Zerschlissene bis zum Winter liegen. Wenn dann die Frauen in den Bauernstuben zusammenkamen, fanden sie wahre Berge reparaturbedürftiger Textilien vor. Es vergingen mehrere Tage, bis alle Strümpfe gestopft, Hosenböden und Kniefleсke eingesetzt und die Betttücher geflickt waren.

Der Bauer und die Knechte banden unterdessen im gleichen Raum Besen, besserten alte Körbe aus oder flochten neue.

Auch das Reparieren der zahlreichen im Spätherbst gewaschenen und auf dem Gartenzaun getrockneten Kartoffelsäcke war Männersache.

Den Mittelpunkt solcher Betätigung aber bildete stets das gute und reichliche Kaffeetrinken.

Das Kaffeetrinken war überhaupt das abwechslungsreichste Essen des Tages. Wurst und Schmalz standen auf dem Tisch, Käse, ein wenig Kuchen, Buttermilch und Malzkaffee.

Zum Abendessen hingegen gab es – jedenfalls bei den kleinen Bauern – ausschließlich Pellkartoffeln, die einfach mitten auf den blank gescheuerten Tisch gekippt wurden, und zweierlei Quark: einen mit Zucker, den anderen mit Kräutern angemacht. Obwohl ich nicht verwöhnt war, quoll mir – wie man so sagt – während meiner mehrjährigen bäuerlichen Tätigkeit der Quark beinahe aus allen Knopflöchern, und es wird niemand wundern, dass ich seit dieser Zeit ein gestörtes Verhältnis zu diesem Nahrungsmittel habe.

Vielleicht sind die kargen Jahrhunderte der Anlass, weshalb im Erzgebirge der Magenfahrplan immer sehr einseitig und abwechslungsarm gestaltet wurde. Man durfte immer wieder froh sein, wenn überhaupt etwas auf den Tisch gebracht werden konnte. In allen anderen Dingen kann man dem Gebirgler eine außerordentliche Fantasie nachrühmen, im Essen jedenfalls nicht. Die Abwechslung bestand mehr in der Umschreibung des Genießbaren:

Gab es an dem einen Tag Brot, Kartoffeln, Quark und Salz, enthielt das Menü des nächsten Tages Kartoffeln, Salz, Quark und Brot.

Sonn- und Feiertage bildeten allerdings Ausnahmen. Es waren Festtage auch hinsichtlich der Mahlzeiten.

Rolf Seiffert

Vun Kaas assen

Dr Seidel-Ward un dr Wolf-Hermann warn sölche alte Originaler bei uns, richtige arzgebirgische Vugelsteller. Dr Wald war ihr ganze Haamit. Sunnigs früh üm viere warn die schu daußen in Wald un hamm ihr Gangl gemacht.

Geredt hamm se of dan Waag wänig, aber üm su mehr hamm se gespannt un gehorcht. Die wußten genau, wenn e Zipp gepfiffen hot, öb die aa- oder zweegahrig war. Korz gesaat, se warn salber e Stückl Natur. Wenn se vun Vugelstelln kame, do sei se hamzu allemol erscht in Höllngrund eigekährt. Dos is e bekannter Gasthuf. „E Bier“, saat dr Ward. Nort warsch e Weile Ruh.

„Iech krieg aah aans“, saat dr Hermann. Nort war wieder e Weile Ruh.

„Prost“, saat dr Ward zum Hermann. „Prost“, maanet dr Hermann. Su nooch ner Vertelstund saat dr Ward zum Mann: „Mann, iech will dir emol was sogn. Wenn iech allemol Kaas aß, kaa iech dr in dr Nacht net schlofen.“

Nooch ner Weile beiget sich dr Mann übern Tisch nüber und saat zum Ward: „Iech will dir aah emol was sogn. Bei mir is dos ümgekehrt. Wenn iech allemol schlof, ka iech kenn Kaas assen.“

Stephan Dietrich (Saafnlob)

Meine Großmutter hatte immer ein einfaches Essen parat

Ich habe in Polen, in Kraków, meine Großmutter gesehen. Sie ist vor siebzehn Jahren in unserem Städtchen nahe der tschechischen Grenze gestorben, aber in Kraków, in einer Milchbar mittags gegen halb eins habe ich sie wiedergetroffen. Ganz unversehens. Es fällt mir nicht ein zu behaupten, das sei wahr im Sinne von zwei mal zwei ist vier und niemals und unter gar keinen Umständen fünf oder sieben, oder wahr im Sinne von Gesetzen, wonach ein Körper sich nicht an zwei verschiedenen Örtern befinden könne zur selben Zeit. Das ist schon was Gewisses. Ich weiß also, meine Angaben stehen auf schwachen Füßen. Mittags gegen halb eins ging ich essen in eine der Milchbars, wo es Suppen gibt, Brötchen, Milch, Kefir, den Trank der Hundertjährigen, Eier, allerlei Gebackenes aus Mehl und Zucker, billige Speisen, die einfachen Leute kehren hier ein, die armen Leute, es gibt sie noch. Meine Großmutter ist zeit ihres Lebens nicht herausgekommen aus ihrem Nest, aus dem Haus, sie war nie zu bewegen, in ein Auto zu steigen, und eine kleine Weile hatte ich Befürchtungen, es möchte ihr nicht gefallen in so einer großen Stadt wie Krakau und inmitten dieser ungeheuren Fremde. Meine Großmutter hat ihr ganzes Leben eigentlich verwartet, sie hat bis zuletzt auf ihren Sohn gewartet, den Paul. Nach vier Tagen Krieg in Frankreich im August 1914 verschwand er auf Nimmerwiedersehen. Eine Vermisstenanzeige traf zu Hause ein, vierzehn Tage später. Ich nehme an, eine Granate hat ihn pulverisiert, sodass kein Haar von ihm übrig blieb. Meine Großmutter war ganz sicher, der Paul hat sich verlaufen, irrt durch französische Dörfer, hat eins auf den Kopf bekommen und lebt auf einer Insel und erinnert sich nicht mehr an seinen Namen. Meine Großmutter war zeit ihres Lebens arm und ist arm und besitzlos gestorben. Sie war eine schöne alte Großmutter, war schlank geblieben und hatte einen guten Verstand. Sie war gütig. Mit-

tags gegen halb eins liefen wir Knirpse die steile Gasse hinunter zum alten Lenkhaus, wo die Großmutter wohnte, und haben gerufen. Dann ging das Fenster im ersten Stock auf, als habe sie nur auf den Ruf gewartet. Die Großmutter winkte, und das hieß, sie hätte ein Essen parat, Kartoffelpuffer, wenn es hochkam, Linsen, Erbsen, irgendwas, das wenig kostete. Sie stand in Kraków in der Milchbar hinter mir in der Schlange der Wartenden und lächelte, weil ich mit der fremden Sprache so schwer zurechtkam. Ihr Lächeln war ihr altes Lächeln, es war ihr gelungen, es zu bewahren. Ihr Haar war weiß und schön wie ehedem. Sie band das Kopftuch immer noch auf die alte Weise. Sie sah gesünder aus, als ginge es ihr besser. So drückte sie aus, gegen die anderen Umstände und Gegebenheiten sei nichts einzuwenden. Ihre Scheu und ihre Zurückhaltung waren mir ebenfalls gut bekannt. Dass sie mir nicht offenbarte, wer sie war, lag daran, dass sie es selbst nicht genau wusste, möglicherweise wollte sie mich auch nicht ängstigen. So war sie immer. Sachen zum Erschrecken hat sie stets von uns Kindern ferngehalten. Die Unstimmigkeiten zwischen Zeit und Raum, früher und jetzt, die ganze kopfschüttelnde Logik und das Einmaleins der Dinge gingen sie sichtlich nichts mehr an. Aber so war sie stets, sie setzte sich mit einer wegwischenden Handbewegung und mit großer Unbefangenheit über Logik und Grund und Folge und Kausalität hinweg, dass wir Knirpse manchmal verzweifelt waren. Sagten wir: „Aber Großmutter, schau mal, wenn das so ist, dann …“, so sagte sie: „Ach, was du immer hast!“ Sie schob sich ein wenig dichter an mich heran, lächelte mir zu, weil ich in meinem Gedächtnis nach dem Teilungsgenitiv für Rühreier suchte, ihn fand und richtig aussprach. Ich habe deutlich gesehen, wie ihre Hand, als ich den Genitivus Quantitivus richtig anwendete, sich unmerklich hob, um mir endlich in der unzählige Male ausgeführten Geste übers Haar zu fahren, wie sie es früher getan hatte, am Tage zehnmal. Sie wusste in diesem Augenblick gewiss selber nicht, was sie zurückhielt. Das Trennende war nur noch ganz wenig vorhanden, und sie wirkte zugleich erschrocken, weil das Fremde an mir, die fremde Sprache, die ich sprach (das Deutsche), mein Akzent in der polnischen Sprache plötzlich so wenig zuverlässig das Fremdsein garantierten. Das Erkennen war sehr nahe und das Einstürzen aller Gegebenheiten und Bindungen und Ordnungen, das drohende Chaos, die Sprachlosigkeiten, die da ausbrechen würden wie ein großes Geschrei, wenn man nun zu allem stehen müsste ... das Erkennen war als Gefahr nahe und verwirrte sie. Ich bekam mein Rührei, und sie rückte weiter vor. Sie hatte immer noch dieselben Beschwerden mit ihrem Hüftgelenk und ihren Füßen. Damals trat sie aus der Adler-Apotheke am Markt und war noch mit ihrem Portemonnaie beschäftigt, als sie einer umrannte. Der hatte es eilig, ein Herr mit Hut, ich war dabei, vier Jahre alt, ich bin der Zeuge. Der Herr hatte es eilig, sein Bus wartete nicht, so hat er in seinem Drange meiner Großmutter das Hüftgelenk gebrochen oder den Hüftknochen.

Er hat es nicht bemerkt, als er meine Großmutter, hastig und vor Verlegenheit laut lachend, aufrichtete aus dem Sturz, oder sollte das wenigstens behaupten, falls er noch lebt. Zum Arzt ist meine Großmutter nicht gegangen. Sie konnte sich nicht vorstellen, dass der Staat so viel Geld für sie ausgibt, um sie im Krankenhaus untersuchen zu lassen und sie dort in eins der weißen Betten zu legen, und hatte wohl recht. Mit Einreibungen arbeitete der Kassenarzt, der Doktor Weise, der nun doch noch zugezogen werden musste, weil sie die Schmerzen nicht mehr aushielt. Es war mit Sicherheit ein Knochenbruch, ein Schenkelhalsbruch würde ich sagen, der Arzt muss das gewusst haben oder hat das gewusst und sei verdammt für alles, so lange es geht. Der Knochen wuchs notdürftig zusammen und machte die Hüfte halb unbrauchbar. Ihr Gang war von da an verdreht und schwerfällig. Sie musste einen Stock benutzen. Als ich zu meinem Tisch ging, mein Rührei auf dem Teller, ein großes Glas Milch in der Hand, hörte ich hinter mir den leisen, gut bekannten, unrhythmischen Gang. Ich drehte mich lächelnd um, damit sie sähe, dass ich begriff, und sah den voranschwingenden Stock, das mühsame Bein und das hurtige. Ich sah ihr Lächeln und sah ihr unabweisbares Bedürfnis, sich an meinen Tisch zu setzen, wäre es nur gewiss, dass jeder von uns an nichts rührte und das Trennende respektierte, nicht keck würde, sondern still bliebe und alles beließe, wie es nun einmal unbegreiflich war. Nach einem unmerklichen Zögern ging sie an meinem Tisch vorbei, als hätte sie mich verfehlt.

Es war ein trauriges Mittagessen.

Meine Großmutter ist dann, gebunden an ihre Dinge und Gegebenheiten, in den Straßen von Kraków verschwunden. Es wäre ein Leichtes, mich herauszureden mit überreizten Nerven, dem Spiel überanstrengter Sinne, mit Einbildungskraft und was für Streiche die einem spielen, Fieberanfällen, kurz, allem, was die Vernunft gebietet, Erwachen aus schwerem Traum.

Leider. Kühlen Kopfes, kräftig, ausgeschlafen und eingedenk dessen, dass zwei mal zwei sein ein für allemal festgelegtes rechtmäßiges Ergebnis hat, denn wo kämen wir hin, habe ich in einer Milchbar in Kraków, unter armen Leuten, unbegreiflicherweise meine Großmutter gesehen.

Egon Günther

Leinöl un Quark

Nu, wos willste heite assen,
freecht de Fraa mich jeden Tog.
Das ist werklich net ze fassen,
denn se waß doch, wos ich mog:
Fix paar Ardeppeln gekocht,
fix zwaa Tallern hiegetellt
un dann Leinöl har un Quark;
wos gibt's Schennres of der Welt?

De Agathe meent zen Anton:
Her gut zu, wos ich jetzt sog;
wann kommst endlich du mol wieder
deinen Ehepflichten noch?
Hast du irgendein Problem?
Fühlst du dich nich richtig stark?
Auch in diesem Falle hilft:
Ardeppeln, Leinöl und viel Quark.

Viele Sportler nehmen Pillen,
weil se besser werden wolln.
Wieder annre kriegen Spritzen,
solln dann noch mehr Siege holn.
Doch dann macht der Körper schlapp,
darum wag, das giftche Zeich!
Bei uns zählt Natur nur pur,
un dasselbe rot ich eich!

Kehrreim
Leinöl un Quark,
das macht uns stark!
Ja, das Leinöl passt zu jeder Asserei
un es legt ja bei uns ungeahnte Kräfte frei.
Drum nischt wie Leinöl un Quark,
das macht uns stark!

Un wenn ich mol richt'gen Ärger hab,
kühlt der Quark mich ab.

Text und Melodie Wolfgang Richter

D'r Gorkenmah

Saure Gorken! Frische War!
Kommt ihr Leit un kaaft eich paar!
Wenn enn mol wos faahln tut,
Gorken sei fir alles gut.
Tut's mol wink in Köppel brumme
oder in de Uhrn racht summe,
oder wörgt's in Bauch su rim,
oder is enn sist wu schlimm –
nammt när e paar Gorken ei,
gleich drauf werd's eich besser sei!
Hatt 'r schu an dos gedacht,
doß aah „sauer lustig macht"?
„Sauer" dos vertreibt de Grilln,
tut enn frischen Mut auffülln,
doß mer jede alte Muhm
asieht fir ne Frühlingsblum.
Also kaaft, sist waarn se' rar,
kommt ihr Leit, do, nammt e paar!

Satt när ah, die ganze Meng
kost bluß fimfezwanzig Pfeng!
Bluß su wink, 's is net ze glaam,
un de Brih werd extra gaam.
Gorken! Gorken! Schiene War!
Kommt ihr Leit und kaaft e paar!
Net schenniert, kommt, halt eich rah,
drängelt eich zun Gorkenmah!
Waarn se alle off daar Tur,

kimmt ball ene zwete Fuhr.
Viel verdien ich fei net drah,
när, doß ich noch laam kah.
Ober wür ich gar nischt lus
un hätt när ne Ärger bluß,
leget epper gar noch drauf –
hört d'r Gorkenhannel auf.

Emil Müller

Ne Maxel sei Weihnachtswunsch

Dor Vater fregt sei Maxel
mol aus racht kreiz un quar:
„Wos soll dir 's Christkind brenge,
willst du e Reiterpfaar?"

's Maxel tat garn assen
de Worscht, doch uhne Brut,
deswaagn hatt aah sei Mutter
mittn Gungel gruße Nut.

Dor Vater hot noch wetter
nooch seine Wünsch geforscht,
do saht dor Max: „Ich wünsch mir
ne rachte gruße Worscht!"

„Ne Worscht när?" maant dor Vater,
„dar Wunsch is fei net gruß.
Du darfst dir noch wos wünschen,
nu, Gungel, hau mol lus!"

„Do wünsch ich“, saht dor Klaane,
„mir drei racht gruße Wörscht!“
Dor Vater sogt: „Nu här mol,
du klaane Wurzelbürscht,

üm suviel Worscht ze zwinge,
do müßt de größer sei.
Drei gruße Wörscht, die ginne
in dein’ Mong gar net nei!“

Doch ’s Maxel ka sich halfen
un sogt: „Hä, Vater du!
’s Christkind soll mir brenge
noch ’n grußen Mong derzu!“

Esther Melzer

De guten Wörschteln

In Grußrückerschwal war mol e Sommerfröschler, ’r war aus Chamtz. Daar tratschet egal draußen rüm, wie sichs gehärt – in Chamtz freilich hätt ’r gespektachelt wie e Ruhrsparlich, wenn ’r do su weit hätt rümzotteln solln, do wur gefahrn. Daar hatt nu ball ausspuliert, doß ’s in Streckewal, unten in Gasthuf, de beste Laaberworscht gob un wos fer enn Zuten fer e paar Grosch, un doß bein Schramm Harmann in Buden ’s Bier e Staat war, un doß bei dr Meta, su hieß ene kleene Resteratiu, dr Schweizerkaas „sehr ze empfaahlen sei“, wie ’r saht – denn e Chamtzer kah net geleich seine Sprooch verlaageln –, un bein Lurenzbäck in Mauerschbaarg göbs ne besten Quarkkuchen, un de besten Wörschteln bein Hunger-Max in Schinnelbach.

Off die letzte Delikateß war ’r derpicht wie ene Brems off enn Kuhschwanz, un enn Tog üm annern is ’r nüber un hot sich do ene Gütt getah. Seine Fraa hot ’n mol, wie e

Sauwatter war, doß mer bein besten Willn net aus dr Bud kunnt, epaar aus 'n Ort gehult, oder dos wär dos net, saht 'r, jaja do söhch mersch wieder, noochmachen läßt sich suwos net su lecht, Rezept is aam Rezept.

Wie ne mol e Kegelbruder aus Chamtz off e paar Tog besucht, do macht 'r dan nu enn grußen Maaz vir vun daar schinn Summerfrisch un die vieln Saahnswördigkeeten zenstrüm, ober do meenet 'r net epper die alte Holzkerch, um die rüm egal Obmaler sitzen, aah net dos ganze schiene Gebörg, dos su schie hiegebrett doliegt, aah net unten 's Tol, dos ene wahre Pracht is – i Gott bewahre! Do predigt 'r vun dan guten Bier un vun Schweizerkaas un vun allen dan Fein un natürlich net zeletzt aah vun de Schinnelbacher Wörschteln.

„Aß emol eens von do un noocherscht mol eens vun Schinnelbach, allebonnär!"

Sie machen natürlich aah bal nüm in dr Oelmühl zun Hunger-Max.

– „'n Tog, Fraa Hungern!"

„Gun Tog mitenanner."

– „Dr Herr des Hauses is wuhl net derhemm?"

„Daar is schu damorng nüber nooch Grußrückerschwal, 'r müßt eengtlich ober nu do sei. Wos daarf ich dä brenge?"

– „Erscht ene kleene Pfaffermünz un dernooch e paar Wörschteln fer jeden."

„Tut mer leed, die sei alle, aar brengt erscht welche wieder miet vun Großrückerschwal. Wenn se ewink warten, 'r werd net mehr lank sei."

Gottvertambur! Dr Kegelbruder guket sein Freind ah. Daar sohch aus, als hätten se ne 's Blut ogezappt.

Dr Chamtzer Kegelbruder holf ne ober aus dr Patsch – itze tat 'r 'n doch ewink leed – un fuung vun Watter ah ze reden. Se hoom noch e Efach neigekuttelt un sei dernooch unten rüm. Un wie se bein Schramm Harmann e paar geschweppert hoom, do sei se zerletzt noch racht lustig wurn un hoom über die Wörschteln noch ihrn Spaß gemacht. Ober wart när, komm när erscht wieder nooch Chamtz – de Fopperei blebbt dr net derspart, un die echten Schinnelbacher Wörschteln waarn noch ene Berühmtheet.

Emil Müller

Dr Balzer-Kar

Dr Balzer-Kar war viele viele Gahr Wirt in mittlern Gasthuf. Wenn e Handwarksbursch fachten kam, mußt'r erscht e Schübel Holz hacken oder e wing mit ofs Fald gieh, ehnder daar sei Assen krieget.

Emol gob's Aardäppeln un Quark. Dernaabn stand aah de Butter. Mer ka's su enn Handwarksbursch net verdenken, wenn ne dos gefällt. Daaretwaagn hot'r aah daamisch nagelangt. Dos mocht oder ne Balzer-Kar gar net rächt sei. Drüm sat'r zen Handwarksbursch „Horch emol, aß lieber Quark, daar kühlt!"

Do sat dr Handwarksbursch drauf: „Harr Balzer, ich fraß Butter, un wenn ich mir de Gusch verbrenn!"

Manfred Blechschmidt

Be-Bemm – die einfachste aller einfachen Speisen

Eines der allereinfachsten Gerichte ist die Bettelmaa- oder kurz Be-Bemm, eine auf der Herdplatte beidseitig geröstete Brotschnitte. Sie wird mit Butter bestrichen, mit in Scheiben geschnittenen Kartoffeln und Zwiebelringen belegt und mit Salz und Pfeffer bestreut. Die Bettelmann-Bemm geht wohl zurück auf die Bähfiezen, die sich Waldarbeiter zubereiteten, indem sie mithilfe eines gabelförmigen Astes Brotscheiben über einem nur noch glühenden Holzfeuer rösteten.

E. H.

Eins, zwei, drei
Butter auf den Brei,
Salz auf den Speck,
Du musst weg.

Abzählreim, überliefert, um 1898

Madel, steh auf, kochs Sippele, Sippele,
Wenn de ka Holz host, nemst Knippele, Knippele,
Wenn de ka Holz host, nemst Knippele.

Tschumperlied, überliefert, um 1898

Mei Mutter kocht Nudeln,
Schneid't Gundermann na, (hinan, hinzu)
Da koch'n se fei locker
Und bregeln net a.

Tschumperlied, überliefert, um 1898

„Bei eich hoot's heinte arich gah"

Fischzeug im Erzgebirge

Der Fischreichtum des Gebirges und seiner Gewässer war nicht für alle da. Mönche hatten bei der Besiedlung aus Böhmen die Kunst mitgebracht, Karpfen in Teichen zu züchten, zu mästen und sie zu schmackhaften Gerichten zu verarbeiten, und sie waren wie auch andere Grundherren im Besitz der Karpfenteiche. Beim einfachen Mann und der einfachen Frau kam der teure Karpfen allerdings höchstens als Silvesterkarpfen auf den Tisch.

Den Forellenfang und die Forellenzucht in Teichen hatten sich zumeist die Landesherren vorbehalten. Dass sich die gern an ruhigen Stellen der Gebirgsbäche „stehenden" Forellen relativ leicht mit der Hand fangen ließen, habe ich als Dreijähriger in der Frauenbach mit meinem Freund Horstel mit Erfolg selbst ausprobiert. Wir mussten die Tiere allerdings auf Geheiß meiner Mutter im Eimer wieder zurücktragen, nicht weil sie illegal gefangen, sondern weil sie noch nicht ausgewachsen waren. „Gewilderte" Forellen kamen im alten Erzgebirge gewiss öfter auf den Tisch, als es den Herren der Fischgründe lieb sein mochte.

Am verbreitetsten war der Hering, allerdings von weit her transportiert und um der Haltbarkeit willen in Salzlake eingelegt und deshalb nicht gerade am schmackhaftesten. Es gibt glaubhafte Berichte, dass in armen Familien ein Hering an einem Faden überm Tisch hing, damit jeder seinen „Runden", den Pellkartoffeln, etwas Aroma verleihen konnte. Auch der Stockfisch war transportfähig und wurde ins Gebirge geliefert, ergab aber ebenfalls kaum schmackhafte Gerichte.

Wegen seiner Bedeutung im Alltag taucht oft der Hering in Gedichten und Erzählungen auf, meist in eher amüsanten Zusammenhängen.

E. H.

E gorschtscher Schmotz

Bei eich hoot's heinte Harich gah,
ich tu kenn Schmotz meh noschen –
's nächstemo, do mußte dir
dei Guschl besser woschen!

Max Tandler

De „Speisekorte"

Zemittche hommer Harich
und Ardeppln sei derzu
und morne hommer Ardeppln
und Harich is derzu.
Und üwermorn zemittche,
des konn ich itz schun soo,
do gieht de „Speisekorte"
vun vorne wieder o.

Max Tandler

De Füttering

Dr Dürich-Gulus war e Mordsangler. De Farschter hatt'n schu lang of 'n Strich, se kunnten ne oder egal net derwischen.

Neilich hatt' ne oder dr Farschterborsch ogelauert, wie er mit dr Angelrut nausgange is. Er is ne noochgeloffen, un wie gener de Angel nei's Wasser geworfen hatt', rufft er ne zu: „Ho ich dich endlich, du Dunnerschkerl! Wässt de net, doß de uhne Kart net angeln darfst?"

Mei Gulus war oder net faag un sat: „Mach doch kenn Ruß! Ich angel doch gar net! Ich tu När de Fisch futtern, denn ihr Kerln gabbt ne doch nischt!“

Manfred Blechschmidt

Die Christmette und der – Hering

In Zwönitz war es wie in vielen Orten des oberen Erzgebirges vor 40 Jahren üblich, dass die Krämer zu Weihnachten den Kindern, die für ihre Eltern das ganze Jahr die Waren herzuholen mussten, ein Geschenk machten. Dabei ging es ganz „ländlich, sittlich“ zu. Die Kinder wohlhabender Familien erhielten ein Tütchen mit Kandiszucker, die aus einfachen Häusern – einen Hering! O du gute, alte Zeit! Wie freuten sich die Empfänger, wenn sie in den letzten Wochen vor Weihnachten mit diesen hochherzigen Beweisen der kaufmännischen Anerkennung heimkamen, um entweder ihr Tütchen mit den erwartungsvollen Geschwistern zu teilen oder den saftigen Hering als eine außergewöhnliche Zugabe zur Schüssel dampfender Kartoffeln legen zu können.

Damals war der Sohn eines armen Webers vom Kantor bestimmt worden, die „Weissagung“ in der Mette zu singen. Wer nur etwas die Feier erzgebirgischer Weihnacht kennt, weiß, was das im Leben eines gebirgischen Jungen bedeuten will. Der Weber und seine Frau fühlten die hohe Ehre, die damit dem ganzen Hause erwiesen wurde. Acht Tage vor Weihnachten bestellte der Kantor den Jungen, Otto W., zur heimlichen Probe in die Kirche. Es war ein finstrer Abend mit dichten Schneewolken am Himmel, als Otto, in seines Vaters Pelz vermummt, die große Sackmütze weit über die Ohren gezogen, zum Hinterpförtchen hinaushuschen wollte, um in weitem Bogen vom Gottesacker her in die Kirche zu gelangen, damit ja niemand hinter das Geheimnis komme, wer dies Jahr die

Weissagung singe. Noch hatte er die Türe in den Händen, da rief die Mutter: „Otto, du musst erst noch etwas holen! Geh, laufe schnell hinüber zum Nachbar und hol ein ‚Päckel Zichorie'; ich kann sonst keinen Kaffee kochen!"

Nicht sehr erfreut darüber, aus seiner Mettestimmung in das nüchterne Dasein zurückgerissen zu werden, schälte sich Otto aus seinem Pelze heraus und lief eiligst zum Krämer, um das „Päckel Wurzel" zu holen. Beim Krämer aber war gerade Belohnungstag. Auf der Ladentafel lag ein großer Haufen Zuckertütchen und daneben stand die Tonne mit Heringen. Als Otto mit seinem Päckchen schon wieder zur Tür hinaus wollte, rief ihn der Nachbar zurück, langte in das Heringsfass und wickelte einen der salzigen Meeresbewohner in dickes, blaues Papier: „Hier, nimm dir einen Weihnachtshering mit!"

Ottos Blicke hatten an den Kandiszuckertüten gehangen. So etwas Süßes für die Kehle, das wäre eigentlich etwas für einenWeissagungs-Sänger gewesen! Schon wollte ihm eine Bemerkung entschlüpfen, dass ein Hering sich für ihn dies Jahr doch gar nicht recht schicken wollte – aber rechtzeitig dachte er an das wichtige Geheimnis, und mit einem nicht sehr erfreuten „Danke schön" steckte er den saftigen Lohn in den Latz seiner blauen Schürze. So schnell ihn die Beine trugen, lief er heim. Am Hoftore stand die fürsorgliche Mutter schon wieder, nahm ihm sein Päckchen Zichorie ab, hing ihm den Pelz wieder um, und fort ging's.

In der Kirche wartete der alte Rektor, der zugleich Kantor war. Otto musste die Kanzeltreppe hinaufklettern, und von dort aus, wie es die alte Weihnachtssitte verlangt, die „Weissagung" etliche Male zur Probe durchsingen. Es ging alles ganz gut. Ehe er aber das zweite Mal fertig war, gerade bei den Worten: „Lasset fröhlich sein und rühmen das wüste Jerusalem", da fiel ihm etwas vor die Füße. In einer Pause bückte sich Otto; es war sein Hering, der die Freiheit gesucht hatte. Was sollte er jetzt damit machen? Schnell entschlossen steckte er ihn einstweilen hinter die alte Sanduhr, die als ein Wahrzeichen vergangener Zeiten rechts von der Kanzel an der Wand befestigt war.

Die Probe war zu Ende, der strenge Herr Rektor murmelte etwas, was fast wie eine Belobigung klang, und Otto schlich leichten Herzens heim.

Weihnachten war gekommen, die Mette vorüber, und Ottos Leistung als Sänger der „Weissagung“ in aller Munde. Über dieser Ehre vergaß man im Hause des Webers ganz den Ausfall der Weihnachtszugabe des Krämers. Als nach Neujahr die Schule wieder angefangen hatte, war der Rektor mit strenger Miene in der Klasse erschienen und hatte zum Schluss verfügt: „Die Chorjungen bleiben nach der Schule da!“

Das war zwar nun nichts Außergewöhnliches, denn die Chorjungen hatten immer etwas auf dem Kerbholze, worüber sehr oft der Rektor mit dem Stocke quittierte. Heute aber fühlten sie sich wie neugeborene Lämmlein.

„Wer von euch ist in der letzten Zeit vor oder nach dem Gottesdienst einmal auf die Kanzel geklettert?“, fragte der Rektor. Alles blieb ruhig. „Nun, es ist ein Tunichtgut unter euch, der sich mit diesem heiligen Orte einen ganz gemeinen Scherz erlaubt hat. Heraus mit der Sprache!“ – Wieder blieb alles mäuschenstill. „Nun, dann will ich euch beweisen, dass alles herausgekommen ist: Wer hat den Hering hinter die Sanduhr gesteckt?“ – Otto wurde bald feuerrot, bald leichenblass. Während die andern im Gefühle ihrer Unschuld standen wie die Lichterengel und sich nicht zuckten, stotterte Otto: „Herr Rektor, ich – –.“ Ein durchbohrender Blick traf den Unwürdigen, der das Vertrauen seines Lehrers so schnöde getäuscht hatte. Anstatt aber mit dem üblichen Griffe nach dem spanischen Rohre zu langen, sagte der Rektor: „Du gehst jetzt sofort hinüber zum Herrn Pastor! Das Weitere wird sich finden!“

Wie ein armer Sünder schlich Otto fort, scheu von seinen Kameraden gemustert. Lange stand er vor der Pfarre, ehe er eintrat. Endlich kam das Gefühl der Unschuld bei ihm wieder durch. Er trat ein.

Der Pfarrer, ein alter würdiger Mann, ahnte sofort, was der Junge wollte. „Das hätte ich nicht von dir gedacht, Otto, dass du mir so einen Streich spielen könntest. Die

ganzen Feiertage habe ich geschnuppert und wusste nicht, was das für ein merkwürdiger Geruch nach faulen Fischen auf der Kanzel war, bis gestern der Kirchner den Hering gefunden hat!“

Otto liefen die Tränen aus den Augen und in den Händen drehte er seine Sackmütze. Als ihn der Pastor aufforderte zu sagen, wie er auf solche Dummheit gekommen sei, da nahm er sich ein Herz und erzählte ihm die ganze Geschichte. Erst machte der Greis ein ungläubiges Gesicht – er kannte seine Chorjungen und ihre Ausflüchte. Als er aber in Ottos treuherzige Augen blickte, da glaubte er ihm und entließ ihn, erfreut darüber, dass der böse Streich sich als eine bedeutungslose Vergesslichkeit entpuppt hatte. „Ich werde mit dem Herrn Rektor sprechen. Du kannst gehen!“

Als der Junge leichten Herzens an der Tür war, rief er ihn nochmals zurück und sagte: „Hier, Otto, hast du einen Groschen, weil du um deinen Hering gekommen bist. Da du die ‚Weissagung‘ so schön gesungen hast, kannst du dir aber auch ein Tütchen Kandiszucker dafür kaufen.“ –

Eine lange Reihe von Jahren war dahingegangen. Otto war Weber geworden und hatte gute und noch mehr böse Tage gesehen. Das Leben hatte ihn wild in der Fremde herumgeworfen. Da fühlte der einsame Mann das Bedürfnis, Weihnachten wieder einmal in der Heimat zu feiern. Der Vater war tot, die Mutter lebte hochbetagt noch in ihrem

Häuschen. Am Weihnachtsmorgen ging Otto in die Mette. Er drückte sich still in eine Ecke, denn er wollte träumen von vergangenen Zeiten. Da klang die „Weissagung“ durch das Gotteshaus. Dieselben Worte, dieselbe Weise, wie er sie einst gesungen hatte. Er faltete die Hände und versenkte sich in seiner Kindheit glückliche Tage.

Als sie aus der Kirche heimwärts gingen, da gesellte sich ein Schulkamerad zu Otto. Er hatte ihn wiedererkannt, obgleich er ihn lange nicht gesehen hatte. Sein Sohn hatte dies Jahr die „Weissagung“ gesungen. Erfreut gab ihm Otto die Hand: „Die Jungen können's heutzutage noch ebensogut als wir seinerzeit!“ „Ja!“, entgegnete der Freund, „und bei denen geht es sogar – ohne Hering!“ – Da musste Otto lachen. Er trat ins Haus. Seine Mutter hatte wie einst Zichorienkaffee gekocht und einen Stollen gebacken. Ehe er sich am Tische niedersetzte, sagte er zu der Alten: „Mutter, heute Abend kochst du Kartoffeln, ich will beim Nachbar einen ‚Metten-Hering‘ dazu holen.“ Da lachte auch das Mutterle und strich ihrem Otto über den grauen Kopf: „Du bist und bleibst ein dummer Junge!“

Friedrich Hermann Löscher

Teire Brothaaring

Dr Schreier Dolf hatt de Birn' dick. Is war Naigahrsch-Heiligobnd un wieder, wie vunne Gahr, kaa Fischl oder Gürkl in Haus. Un wos wär e Koterfrühstück uhne wos Sauersch?

Wie'r grod vür siech hie propenieret un ne paar Kosename über Versorchings-Engpäß rausgerutscht warn, tat's draußn of'n Bödl rufn. Er huppet huch un sooch nooch. Do laahnet de Male, die in dr Mansard ubn drüber wuhnet, an Gelanner, haschet noch vun scharfn Laafn un gapset: „In Konsum gib's Brothaaring! Mach laut, eh' se alle waarn!“ „Ho Dank, alte, gute Haut“, bläket dr Dolf voller Frad, hürtset sei Drüberziehzeich na un war, hast de wos kast de, zun Loch naus. Vür'n Konsum stand natürlich ne lange Schlang. Üm fixer zun Ziel ze kumme, wollt'r senn Schwaarbeschädigtn rausstreichn un paar Sprossen überspringe. Oder do gob's nischt. „Mach ja hinner, wu de hiegehärscht", wur gewattert, „waar stundelang tippln ka, daar ka aah stieh!" Do schmaunket'r wieder of sei Platzl. Dr Club geduldiger Kaifer kannt ben Wartn kaa Gnad.

Of aamol wur dr Dolf gewahr, doß de Leit alle wos miet hattn, e Schüssele, Casserol oder enn Topp. Sollt's de Brothaaring ebber lose gaabn? Un tatsachlich, sei Verdacht wur bestaatigt.

Nu war guter Rot teier. Wos sollt'r machn? Hamdackelen un wos huln, dös hätt ze lang gedauert. Un bluß eiwickeln lossn, do hätt wieder de Brüh gefaahlt. Kurz entschlossen is'r nei der Hauswaren-HO über dr Stroß. „Nimmst enn Topp", dacht'r praktisch, „Töpp warn egal gebraucht." Doch wal de klenn alle warn, hot'r siech enn grußmachting mit Stahlbudn aufhänge lossn, for 22 Mark! De fünf Broothaaring, die'r noochert krieget, hattn Platz soot zun Schwimme.

Zefrieden stellet'r drham sei Überrasching of'n Tisch in dr gutn Stub. Wu de Fraa kam, hot'r se gelei mit dr Freidnbutschaft überrascht: „Iech ho Brothaaring drwischt. In dr Stub stinne se."

De erschte Frog war: „Wu hast d' se dä aufgegabelt un wos ham se gekost'?" Dr Dolf ewing klaalaut: „In Konsum --- for vierezwanzig Mark und vier Pfeng."

„Wos", spreißlet is Marthl baasit, „du bist wuhl olber?" Dr Ma tat berichting: „Dos haaßt, de Haaring ham zwee Mark vierzig gekost' und zweezwanzig Mark dr Topp."

Noochert mußt dr Dolf drzehln, wie alles war, un is Marthl hot siech bal betschäckert vor Lachn.

Daar Stahlbudnries oder hot siech speeter zun liebstn, fixkochetn Kließtopp gemausert. De Ausgob hatt siech alsu doch geluhnt.

Rudolf Haas

Aa richtig!

Dr Lehrer wollt mit de Kinner vu dr Geduld sprachen, ’r saat: „Passt mal auf, wenn der Herr Erbrichter fischen geht. Stundenlang geht er am Wasser hin und her. Und wenn er auch nicht gleich eine Forelle fängt, er wird nicht böse, immer wieder wirft er die Angel ins Wasser. Was braucht er eben zum Angeln?“ Do flung e Stücker zwanzig Hand in dr Höh. „Nun?“ „Wörmer!“, bläket de halbe Klasse.

Max Wenzel

Die habn enn olbern Frohß

De alten Reicheltleit in Blaathol, die hatten Freindschaft drunten in Frankenhausen. Saltmol gob’s noch kaane Posten of de Dörfer, drüm wur allemol e But geschickt, wenn se ewos ze bestelln hatten.

Wie nu emol dr Kleditsch mit etlichn Schneppen nooch Frankenhausen geschickt wur un wieder ehaam kam, fröget ne de Fraa, wie’s gewaast war, wos se gesat hätten, un öb er aah gut ausgehaltn wurn wär.

Do maant daar: „Eija, ze assen hob ich dorten kriegt. Se hatten nu esu alle Neegn, die dr ganzen Woch über überlaa gebliebn warn, nazammgematscht: Schuten, Kohlrabi, Kraabsnosen, Mährn, Schwamme, Sammelkließ, Hühnerflaasch un wos waß ich alles! Oder schie geschmeckt hot dos fei!“

Manfred Blechschmidt

NB. Das echte „Leipziger Allerlei“, das den Gästen aus Blauenthal in Frankenhausen bei Crimmitschau serviert wurde, enthält u. a. Krebsschwänze und Morcheln.

E. H.

Die Karpfengräte

Was von den Geschenken, die meiner warteten, den meisten Eindruck auf mich machte, war ein ansehnliches Schaukelpferd. Am liebsten hätte ich den ganzen Abend als Reiter verbracht. Das Christkind hatte sich selbst übertroffen, es hatte es nicht bei einem Steckenpferd bewenden lassen. Nicht ein Schaukelpferd der neuesten Mode, das ein wirkliches Ross so genau wie möglich darzustellen versuchte, womöglich mit echtem Fell und Steigbügeln, sondern eins der alten Art, das sich auf zwei zuverlässigen bemalten Kufen bewegte und an den Seiten Holzklötzchen als Bügel aufwies. Mit einem Jubelton schwang ich mich in den Sattel.

Das wurde verhindert durch das festliche Abendessen, bei dem der traditionelle Weihnachtskarpfen verspeist werden sollte. Mutter hatte, um ihn auf polnische Weise herzurichten, ganze Stunden in der Küche verbracht. Nun war es herzerhebend anzusehen, wie sie ihrem kleinen Sohn mundgerechte Stückchen vorlegte. Vater ließ es sich mit voller Hingabe schmecken.

Mit *einem* Schlag entstand vor der Tür unheimliches Gepolter. Die Tür sprang auf und herein stolperte eine Gestalt, die mit Pelz und Bart als heiliger Nikolaus angesprochen sein wollte. Sie nahm in keiner Weise davon Notiz, dass sie die Eltern mitten im festlichen Mahle störte, sie hatte es offensichtlich allein auf mich abgesehn. Sie brüllte mit grober Stimme: „Hat der Bursch seinen Eltern das Jahr über gefolgt? Wird er nun brav sein Sprüchel aufsagen?“

Da ich aus meinen Bilderbüchern und von anderen Gelegenheiten her das Äußere von Nikolaus und Knecht Ruprecht längst kannte und mich in der groben Stimme meines Bedrängers das rollende „r“ an den Provisor der Reichsadler-Apotheke, der im Nachbarhaus wohnte – er stammte aus dem oberen Vogtland –, merkwürdig stark erinnerte, tat ich ihm Bescheid. Der Überfall aber hatte mich derart erschreckt, dass mir eine von Mutters Fürsorge übersehene Gräte im Hals stecken geblieben war. Nur unter Schmerzen und mit Tränen in den Augen vermochte ich, das eingelernte Sprüchlein herzuleiern. Das war wohl der Grund, dass der Polterer, nachdem er mich immerhin ein wenig gelobt hatte, Hals über Kopf wieder verschwand.

Die Eltern, die meine Tränen auf das Konto kindlicher Ängstlichkeit gesetzt haben mochten, versuchten, ihre Mahlzeit weiterzuführen. Aber der Kleine, der zwischen ihnen saß, weinte und weinte. Mit Mühe wurde ihm endlich die Ursache seiner Tränen entlockt.

„Großer Gott! Eine Karpfengräte im Hals! Er wird doch nicht ersticken!" Die Mutter war außer sich. Aber auch der Vater hatte längst zu essen aufgehört.

Den Schwall von Trostworten, der alsbald über mich hereinbrach, höre ich heute noch. Die Versuche, den Fremdkörper aus meiner Kehle zu entfernen, sind mir heute noch unangenehm. Schließlich fiel dem Vater ein Ausweg ein, mich auf andere Gedanken zu bringen. Er packte mich mit freundlichen Worten, trug mich in die Christbaumstube, wo inzwischen die Kerzen fast niedergebrannt waren, setzte mich aufs bunte Holzpferd und begann mich zu schaukeln. Aber auch dieses Verfahren wollte im Augenblick nicht anschlagen. In meiner Kehle kratzte und stichelte es nach wie vor. Ich vermochte bei allem guten Willen nicht, das Gefühl des Übels im Halse auszuschalten. Die Tränen liefen mir in einem fort über die Wangen, so lieb mir Mutter auch mit ihrer weichen Hand über die Haare strich und Vater als Rossantreiber sich bemühte.

Schließlich tat er des Guten zu viel, das Schaukelpferd stürzte vornüber und ich mit ihm.

Neues Lamento! Auf beiden Seiten! Vater entlud sich seines Schrecks in mehreren Sprachen. Mutter kniete sich neben mich und untersuchte meine Stirn, an der sich ein neues Unbehagen zugleich mit einer Beule zu entwickeln begann. Jedoch in der Kehle tat mir nicht das Geringste mehr weh: Die Gräte war heraus!

Kurt Arnold Findeisen

Pferdefüttern und Karpfenschmaus

Am Heiligen Abend ließ es sich mein Vater auf keinen Fall nehmen, noch auf ein Stündchen zum Stammtisch in den Buchholzer Ratskeller zu gehen. Inzwischen stand ich beim Fisch-Pfau nach Karpfen an. Ja, auch in den Dreißigerjahren war da schon eine Schlange. Aber nie wieder habe ich so einen geschickten Karpfen-Schlachter gesehen. Herr Pfau hieb das Fischtier der Länge nach auseinander – sogar die Flossen waren fein säuberlich geteilt! Wenn Vater und ich dann heimkamen, kochte bereits das Fischwasser, das Rotkraut dampfte, die Kartoffeln kochten. Auch wenn es kein traditionsgemäßes Neunerlei war – es durften samt Salz und Brot eben nur neun Speisen sein.

Ehe gegessen wurde, ging mein Vater aber erst in den Stall. Vier Pferde hatten wir damals.

Jedes Tier bekam eine doppelte „Bemm" mit Ruß beschmiert und mit geknackten Walnüssen belegt.

Es war oft ein Gang durch knietiefen Schnee im Garten zum Stall hinunter ... danach erst aßen wir!

Ursula Schöner

Tante Gertas Heringskartoffeln

Ein Rezept aus dem Osterzgebirge

Zutaten:
1 kg gekochte Kartoffeln, 2 Salzheringe, 2 Esslöffel Fett, 2 fein geschnittene Zwiebeln, 2 Tassen Buttermilch (oder halb Rahm, halb Milch), 1 Ei, 1 Prise Salz.

Die gewässerten, geputzten, entgräteten Heringe werden in Scheiben, die Kartoffeln in größere Würfelchen geschnitten. Die Zwiebeln werden in Fett gedünstet. Nun schichtet man alles lagenweise in eine gut gefettete Auflaufform (die oberste und unterste Schicht soll aus Kartoffeln bestehen), gießt die mit Ei und Salz zerquirlte Milch darüber, streut etwas Weckmehl darauf und bäckt den Auflauf etwa $^3/_4$ bis 1 Stunde in guter Hitze (225 °C, im Gasbackofen Stufe 4).

E. H.

Heichen, heichen, bisch, bisch, bisch,
Morgen koch mer Fisch, Fisch, Fisch,
Übermorgen Schweinebraten,
Wolln das Kind zu Gaste laden.

Überliefert, um 1898

Zwaa Mannsen warn ben Karpenschmaus,
dr ene lackt de Schisseln aus,
dr annre vun dan badn,
dar froß sugar de Gratn.

Max Wenzel

„Mei ormis Mutschl ward verkeeft“

Schlachtfest im alten Erzgebirge

Das Motto zu diesem Kapitel ist einem Gedicht von Max Tandler entnommen, der aus dem damals österreichischen Böhmen stammt und an der Grenze zum sächsischen Zinnwald geboren wurde. Er schrieb auch hochdeutsche, aber überwiegend Texte in osterzgebirgischer Mundart, die sich deutlich von der westerzgebirgischen unterscheidet.

Schlachtfeste – zumeist unter Mitwirkung eines Hausschlächters – dienten nicht nur dazu, Fleischvorräte anzulegen. Sie waren (und sind, wo sie noch durchgeführt werden, z. B. in südeuropäischen Ländern) festliche Gemeinschaftsereignisse. Nachbarinnen und Nachbarn kamen zum Helfen. Nach getaner Arbeit wurde gemeinsam gefeiert, und Wellfleisch, Wurstbrühe, Blut- und Leberwürste und anderes vom geschlachteten Tier wurde verzehrt, begleitet von einem Bier sowie klaren oder Kräuterschnäpsen. Das war im alten Erzgebirge nicht anders als in anderen Regionen. Bevorzugter Schlachtmonat war der November, das Schlachttier meist ein Schwein.

Grete Baldauf-Würkert hat in ihrem Erinnerungstext „Großes und kleines Schweineschlachten“ anschaulich davon erzählt, dass nicht nur benachbarte Helferinnen und Helfer zur „Sauläääd“ Gäste waren, sondern so manche kinderreiche Familie ohne solche Einladungen gar nicht durch das Jahr gekommen wäre. Sauschlachten war ihr zufolge so populär, dass es von Kindern mit Pflaumen unter der Schulbank nachgespielt wurde.

Im Westerzgebirge hat sich für das Schlachtfest die Bezeichnung „Krummbaa“ erhalten, abgeleitet von dem gekrümmten Holz, an dem das geschlachtete Schwein an den Hinterbeinen aufgehängt wurde.

Solche privaten Schlachtfeste finden heute kaum noch statt, aber zahlreiche erzgebirgische Gastwirte bieten sie als herbstliche Veranstaltung an.

E. H.

Ormis Kalwl!

Mei ormis Mutschl ward verkeeft,
des liewe, gute Viech.
's muß von sanner Mutter fort;
mei Mutschl dauert mich.

's hot nimanden wos getoo
und guckt enn o su trei
und itz ward's Mutschl imgebrucht;
des konn doch gor ni sei!

Und doch tut's morn der Fleischer hulln,
schoffts fort, Gott weeß wuhie,
und üwermorn ward's tut gemocht –
Schlacht tut's mann Mutschl gieh.

Max Tandler

Großes und kleines Schweineschlachten

Erinnerungen aus froher Kinderzeit

Wenn die rauen Stürme über die Berge brausten und die grauen Wolkenschwaden am Himmel hinjagten, dann begannen in unseren erzgebirgischen Dörfern die Feste des Schweineschlachtens. So um die Kirmes herum gings dann los und erst in den Frühlingsmonaten hörte man damit auf, wenn die Fleisch- und Wurstvorräte, soweit sie nicht hart geräuchert wurden, kein längeres Dauern mehr versprachen.

Fast alle Wochen wurde der Hausschlächter in irgendeinen Bauernhof geholt. Dann lud man, alter Sitte gemäß, zu diesem Tage Freunde und Nachbarn, wohl auch entfernte Verwandte, vor allem aber den Lehrer und den Pfarrer des Dorfes zum Schmause ein.

Die Bauersfrauen buken an diesen Tagen meistens noch einen kräftigen Hefentalken, der nach dem Vertilgen handfester Portionen Wellfleisch obendrein noch zum Kaffee aufgetragen wurde. Alle, die durch Zufall in solchen Tagen im Hause ein- und ausgingen, erhielten ebenfalls von den guten Dingen ihren angemessenen Teil. Die Dorfgemeinde erbrachte damit auch damals schon schöne Beweise von Volksgemeinschaft. Hausierer und Bettler rochen es richtig, denn mehr als sonst liefen dann im Dorfe herum. Und der Briefträger, obwohl er weder Brief noch Zeitung abzugeben hatte, fragte diesmal im Vorbeigehen leutselig an: „Hobter dää vielleicht awos mietzenamme . . .?“

Nach dem erfolgreichen Totschlag der Sau, die wohl selten unter drei Zentner wog, stellten sich auch bald die ersten Gäste ein. Der süßlich-würzige Wellfleischgeruch durchzog das ganze Haus. Zu diesen ersten Gästen zählte meist auch die Lehrersfamilie. Ich erinnere mich einer solchen, die mit Kindern reich gesegnet und überall ständiger „Sauläád-Gast“ war. Diese geplagte Mutter wollte sich mit ihrem Mann keins dieser schönen Freimahle entgehen lassen. Aber alle Kinder dazu mitzunehmen, das sah doch etwas zu ungehörig aus. Daher erteilte sie ihren Sprösslingen zu Hause die Weisung: „Passt auf! Wenn ihr in jenem Hause dort die Esse rauchen seht vom Schulturm aus, dann kocht man dort Kaffee. Wenn's raucht, dann dürft ihr kommen!"

Und so geschah es. Kaum hatte sich der Kreis der Geladenen um den Kaffeetisch versammelt, da wimmelte es auf dem Wiesenwege heran von der hungrigen Meute. Die Lehrersfrau tat vor den anderen etwas ungehalten und empfing die Kinder mit dem Vorwurf: „Aber, was wollt ihr denn alle? Könnt ihr denn nicht zu Hause bleiben ...?" Worauf einmal ihr vierjähriges Fritzchen zu ihrem Verdruss wahrheitsgemäß antwortete: „Aber Mutter, du host's uns doch gesaht, wenn's raacht, solln mr kumme!"

Gegen Abend wurden die frischen Bratwürste aufgetragen. Ein kräftiger Kornschnaps sorgte dafür, dass auch der überlastete Magen davon noch aufnehmen konnte.

Kam es nun vor, dass der Schulmeister nicht selber zur Sauläääd erscheinen konnte, so erhielt er am nächsten Tag gewissenhaft seinen Anteil in Gestalt einer dicken Wurst zugeschickt.

Mir ist auch ein Fall bekannt, wo der Lehrer sich diese Gunst verscherzte. Im Weißbachhaus hatten sie geschlachtet. Der Lehrer, gerade ortsabwesend, hatte der Einladung nicht nachkommen können. Dafür nahm ihm des Bauern Sohn, der kleine Karl, am andern Tag eine fette Leberwurst mit zur Schule. Doch, wie es manchmal an Pechtagen so zugeht, zuerst kam der Karl zu spät zum Unterricht, weil die Mutter zu Hause zu lang nach passendem Einwickelpapier für die Wurst gesucht hatte. Karl musste der Schulsitte entsprechend eine Weile an der Tür stehen bleiben, bevor er sich setzen durfte. Und zweitens hatte er im Trubel des gestrigen Schlachtfestes ganz vergessen, seine Exempel auszurechnen. Der ärgerliche Lehrer zog ihm dafür eins mit dem Lineal über die Finger, dass der Kleine laut aufheulte: „Nu sollste obr ah die Worscht net kriegn!"

Während der Pause zog der gekränkte Bauernjunge seinen Freund mit an jenen bekannten dunklen Ort, den der Mensch sonst immer allein aufsucht: „Kumm, itze fraß morsche salber!“ Und während sie dort, wo es gewiss nicht nach Rosen riecht, nach Herzenslust schmausten, rief der Karl immer wieder voll Genugtuung: „Weil iech se när net vornewag hiegahm hob …!“ Der andere aber meinte: „Wenn de dos gemacht hättst, hättst de vielleicht ah käne Drasch gekriegt.“ Der Karl war kein Freund von großem Nachdenken und wehrte ab: „’s kah scho sei, obr nu is es ze spät!“

Was die vorwitzigen Dorfjungen sich bei solchen Schlachtfesten manchmal so leisteten, beweist ein Fall in einem anderen Bauernhof. Dort hatte der Pfarrer mit seiner Frau und deren zufällig zu Besuch weilender Schwestern der Einladung zur Sauläád Folge geleistet. Die Bauersfrau wollte diesen hohen Besuch auch ganz nobel bewirten und ließ für die Kaffeestunde einen guten Streuselkuchen backen.

Ihre beiden Jungen fingen gleich an, die Mutter zu plagen und um den Kuchen zu betteln. „Do wart när erscht ob, bes dar Besuch wieder fort is, do bleibt genug vür eich übrig!“, wurden sie beschwichtigt. Es kam aber anders. Der Pfarrer mit seinen Damen, wie auch die anderen Gäste, sprachen gerade dem Gebäck so zu, dass nur noch wenig auf dem Teller verblieb. Die zwei Jungen drückten sich fortgesetzt um den Tisch herum. Mit Erbitterung sahen ihre Augen Stück um Stück in den vornehmen Mäulern verschwinden. Umsonst versuchte die Bäuerin die lästigen Aufpasser aus der Stube zu bringen: „Gieht när drweile a bissel naus, dampert draußen im Hof.“ Aber sie wichen nicht. Der Pfarrer mahnte schon zum Aufbruch. Die Hausfrau hatte nochmals die Tassen vollgeschenkt und bot der Etikette halber nochmals höflich den Kuchen herum. Die Damen sagten zwar dankend, sie könnten kaum noch, schließlich langten sie aber doch nochmals zu und zuletzt lag nur noch ein einziges Stück Kuchen auf dem Teller.

Der kleine Willy und sein Bruder Kurtel bekamen da plötzlich einen Tobsuchtsanfall. Sie rissen den Kuchentel-

L. RICHTER.
A. GABER.

ler vom Tisch und warfen ihn in die Stube, dass es nur so splitterte. Während Kurtel herzbrechend heulte, brüllte der Willy höchst aufgebracht: „Do fraßt när dos letzte Bissel ah noch zam! Mir wolln nu gar nischt mehr hoom!"

Der Pfarrer fasste sich zuerst und brach in lautes Lachen aus. „Na. Jungens, ihr seid wenigstens ehrlich, ihr macht aus eurem Herzen keine Mördergrube!" Der mitanwesende Lehrer beschwichtigte die völlig aufgelöste Mutter.

Mit dem Willy hatte übrigens der Lehrer, als er Ostern in die Schule kam, ähnliche Sachen durchzukosten. Bereits am ersten Schultag, als die Kinder still auf ihren Bänken sitzen mussten und dem Lehrer zuhören sollten, wurde es dem Willy zu langweilig. Er packte seinen Ranzen ein und mit dem befriedigenden Stoßseufzer: „E scheiß, iech gieh itze häm!", verschwand er aus dem Zimmer. Am andern Tag schloss der Lehrer nach Eintritt ins Zimmer die Tür unbemerkt hinter sich zu. Er hatte sich nicht getäuscht, denn der Willy packte mitten im Unterricht wieder seinen Ranzen und wollte wieder mit seinem klassischen Abschiedsgruß vom Vortage hinaus. Als er aber die Tür verschlossen fand und so viele schadenfrohe Augen auf sich gerichtet fühlte, überlegte er sich die Sache einen Augenblick. Entschlossen machte er wieder kehrt: „E scheiß, iech bleib do!" Womit er den anderen den Wind aus den Segeln nahm. Als er sich wieder in seine Bank setzte, sagte er selbstherrisch zum Lehrer: „Obr doß du's nu wäßt, zr Sauläad derfste nu ah net mehr mietkumme …!"

Die Schlachtfeste der Großen übten auf diese Weise immer ihren Zauber auch auf die Kinder aus. Besonders die wichtigtuerische Miene des Fleischers, der ja an solchen Tagen die Hauptperson war, flößte den Jungen Respekt ein. Die Kinder machten es den Erwachsenen nach. Ans Scheunentor wurde eine große, längliche Kohlrübe genagelt, daran schnitten und schlitzten die Knaben herum und teilten uns Mädchen ein paar Bissen „Wellfleisch" zu. Später markierten Kartoffeln die duftenden Hausmacherwürste, die wir wacker kauten. Das war unser Schlachtfest. Es war übrigens das einzige Spiel, wo die Jungen uns Mädchen als „Frauen“ dazunahmen. Sonst wollten sie bei allen Spielen nichts von uns wissen.

Diese beschriebenen Schweineschlachten der Kleinen setzten sich oftmals bis in die Schulstube fort. Mir steht noch lebhaft eine solche Begebenheit in Erinnerung. Der Lehrer gab uns den ersten grammatischen Unterricht. Er schrieb lange Sätze an die Wandtafel und erläuterte uns Tätigkeits- und Eigenschaftsworte. Wir mussten uns den Satz merken, der Lehrer wischte ihn alsdann von der Tafel weg. Während wir diesen Satz in unser Heft eintragen mussten, schrieb er indessen einen neuen Satz an. Längere Zeit war dann weiter nichts zu hören als das Knirschen der Kreide und das Gekratze der Federn.

Meiner Nachbarin, der Selma, wurde die Sache langweilig. „Ach wos, dos ahle Gelatsch! Kumm, mr machen unner dr Bank a bissel Schweineschlachten …“, flüsterte sie mir zu und zog dabei eine große, blaue Pflaume aus ihrem Federkästchen. Im Nu verschwanden wir unter den Pulten. Die anderen schrieben ruhig weiter und achteten nicht auf uns. Vielleicht glaubten sie, wir suchten etwas Verlorenes. Selma ritzte die schöne Pflaume mit der Stahlfeder auf. Das saftige Fleisch wurde als „Wellfleisch“ verzehrt. Der übrig bleibende Kern war die Magenwurst. Er sollte aufgeknackt werden. Mitten in unserem eifrigen Mühen wurden wir der plötzlich eingetretenen Stille nicht gewahr, bis auf einmal zwei derbe Hände uns an den Zöpfen packten und an die Oberwelt zogen. Das schöne Schweineschlachten war auf einmal vorbei. Das Strafgericht des Lehrers begann. Wir sollten die Sätze wiederholen. Er brüllte uns an. Selma stand da wie ein Klotz und wusste nichts. Eine Ohrfeige klatschte. Ich wusste den Satz nur halb. Der Lehrer fragte, was wir unter der Bank gemacht hätten. Ich sagte ängstlich die Wahrheit: Schweineschlachten …! Da sank des Lehrers Hand, die schon nach mir gezielt hatte. Schweineschlachten …! Schweineschlachten …! Ja, das war doch etwas Köstliches! Morgen stand ihm der Genuss wieder mit bevor…! So schienen seine Gedanken zu sein. Ich kam jedenfalls um die Ohrfeige. Aber eine Stunde dableiben musste ich trotzdem mit der Selma.

Vieles hat sich in der Welt geändert, auch von unseren Heimatbräuchen. Wohl finden auch in unseren Zeiten noch große Schweineschlachten statt, doch sie sind nicht mehr das, was sie früher waren. Von kleinen Schweineschlachten freilich hört und sieht man nichts mehr. Der Nachahmungstrieb der Kinder ist erloschen und die Spiellust in andere, moderne Bahnen gelenkt worden.

Grete Baldauf-Würkert

Is Geschlingk

Wißt ihr Leit, wos mir Arzgebirger e Geschlingk haaßen? Nu do muß iech eich e schiene lustige Sach erzöhln. Se is schu lang har passiert. Su beim alten Röder seiner Zeit in Hannsgörgnstadt. Dos ka esu vür fuchzig Gahrn gewaasen sei.

Do labet dr Ziegner-Gulius, e tüchtiger Tischler vun Proffessiu. Dar hot immer für sei Fraa de Eikaaferei für dr Wirtschaft salber versorgt, wall ar dacht, sei Fraa könnt ze viel Gald ausgaabn. Emol saat sei Fraa zu ne: „Alter, morgn is Sunntig. Gieh zum Flaascher un hul ewos, sinst gibt's morgn nackite Ardöppeln."

Nu dos wollt dr Gulius nett. Ar gung geleich zum Reichnbach-Flaascher, saat: „Gelückauf, un gab mir emol eweng Flaasch für morgn."

„Ja", maanet dr Reichnbach, „wos willst de denn für welchis?"

„Nu", saat dr Gulius, „dos is egal, wos de nu do host."

„Host de schu emol Geschlingk gassen, Gulius?"

„Naa", saat dar, „dos kenn iech nett. Wos is dä dos für Zeig?"

Do saat dr Flaascher: „Do hängt ans. Guck dirsch när emol richtig. Allis, was vun dr Gorgel a nein Hals zu hängt, vür alln de Lung, dos haaßt e Geschlingk."

„Hm", maanet dr Gulius, „ober su wos hot mei Alte noch nett gemacht. Wie werd denn dos agericht?"

„Nu ganz aafach", saat dr Flaascher. „Erscht werd's gewaschen, nort allis in klaane Worfeln geschnieten un eigesalzn un gepfaffert, un nort kumme noch de Gewörz na: Neiwürzkörner, Kümmelkörner, Lorbeerblätter, brauner Pfafferkuchn, doß e gute Brüh werd ..." „Här auf", saat dr Gulius, „wär söll dä dos allis merken! Schreib mirsch när eweng auf." Dr Flaascher suchet nooch eweng Schreibpapier, fand ober kaans. Do saat dr Gulius: „Mach kaa setts längs Gesuch. Do schreib's geleich mit Kreide of mei Laaderhus." Un do derbei recket ar is Baa hi. Dr Flaascher hot nu allis draufgeschriebn. Dr Gulius hot dos Geschlingk eigewickelt, en Bindfoden drümgemacht un, wall's e gruß Packel war, gleich nan Spazierstock gehängt un dan Stacken mitn Packl über dr Achsel getrogn. Ar machet nu lustig dr Stroß no, eham zu. – An dr Eck bei dr Apethek, do stund ne Färschter Arend sei Gogdhund. Dar gucket su dumm vun dr Seit un schnuppert of aamol. „Hm", lachet dr Gulius, „dos töt dir passen, mei Geschlingk frassen. Iech waß ober salber noch nett, wie's schmeckt, mei lieber Hund." Ober dar Hund tat, als verstieht ar dos nett, und machet sich langsam hintern Gulius har. Wie darsch weißkrieget, saat ar: „Mach dich ja föder, sinst ..." Dr Hund dreht ne Kopp nooch dr annern Seit un blieb stieh. Is hot ober nett lang gedauert, do machet ar wieder hinterhar. Wenn dr Gulius fix geloffen is, is dr Hund aah gerennt. Machet dr Gulius langsam oder blieb stieh, stand dar Hund aah wie ageworzelt. Dos gung nu e ganze Weile fort, bis dar Hund die Verolberei sootkrieget. An dr alten Magezine, do fatzet ar of aamol ofn Gulius lus – un in Momang hatt ar aah schu is Geschlingk in dr Gusch un rennet fort. Dar Gulius stund erscht ganz bedeppert do, nort nohm ar senn Spazierstacken vun dr Achsel, an dan när noch de Gorgel vun dan schinn Geschlingk hung, un bläket: „Verdämmts Sauviech, gibst de geleich mei Geschlingk wieder har?" – Ober dar Hund hot när gelacht un katschet drüm an dr Eck dos schiene waache Flaasch. Wenn dr Gulius ball an ne dra war, do nahm dr Hund allemol is Flaasch auf un rennet fort bis zr nächsten Eck. Dort gung de Katscherei wieder lus. De Leit of dr Stroß hamm sich ball ze Tud gelacht, wie dr Gulius immer hinterhaar gefatzt is. Dos gung ball dorch alle Stroßen vun Hansgörgnstadt, bis dr Hund is letzte Bröckele gefrassen hatt. Do hot dr Gulius vür Wut geheilt. Ar speiet in de Händ un wischet dos Rezept vun dr Laderhus wag un saat: „Du verdammts Hundsviech, hoste mei Geschlingk gefrassen, brauchste aah nett ze wissen, wie's agericht werd."

Stephan Dietrich (Saafnlob)

Schlachtfest und Federnschleißen

In die vorweihnachtliche Winterzeit fiel im Allgemeinen auch das Schlachtfest. Das war ebenfalls eine Gelegenheit zum geselligen Zusammensein, und niemand ging hungrig heim.

Doch nicht nur diejenigen, die man zur Mithilfe beim Wellfleischschneiden, Wurstteigkneten oder anderen wichtigen Tätigkeiten einlud, profitierten von diesem Fest.

Zunächst bereitete man in dem Kessel, in welchem sonst die schmutzige Wäsche kochte, viel heißes Wasser zum Brühen und Reinigen des Schweines. Damit war auch gleichzeitig der Kessel einwandfrei zum Abkochen des Wellfleisches vorbereitet. Hatten emsige Hände die Därme viele Male gewaschen und mit Wurstteig gefüllt, kamen die Würste zum Kochen in den Wellfleischsud. Gelegentlich platzte eine Wurst und reicherte die Kesselbrühe mit ihrem würzigen Inhalt an. Was am Ende übrig blieb, wurde als hervorragend schmeckende und äußerst begehrte „Wurstbrühe" an die Nachbarschaft verteilt.

Auch zum „Federnschleißen" wurden Einladungen angenommen.

Diesen schönen Brauch pflegte man in der trüben Jahreszeit nach den weihnachtlichen Festtagen, in der Fastnachtszeit. Federn waren das Einzige, was von den fetten Weihnachtsgänsen übrig blieb. Doch diese Hinterlassenschaft konnte nicht unbearbeitet in die Inletts wandern. Die harten Kiele hätten kein sanftes Träumen zugelassen, deshalb trennte man mit zwei Handgriffen die weichen Verästelungen davon ab.

Für diese Arbeit ließ man die Federn vorsichtig aus dem Sack, in dem sie aufbewahrt wurden, auf die Tischplatte gleiten. Damit sie nicht davonschwebten, vermied man allzu angeregte Unterhaltungen. Auch hastige Bewegungen mussten unterlassen werden. Husten oder Niesen konnte sich zur Katastrophe ausweiten und hätte eine passende Kulisse für das Märchen von Frau Holle abgegeben.

Rolf Seiffert

Kuttelflecke (Flecke, Kaldaunen), wie sie meine Großmutter liebte

Flecke waren ein Lieblingsgericht meiner Großmutter – eine Vorliebe, die nicht alle Familienmitglieder mit ihr teilten. Aber zubereitet wie hier angegeben, sind die Innereien ein interessantes Esserlebnis.

Zutaten:
500 g Flecke, 2 l Wasser, Wurzelwerk, 1 Kräuterbündel, 1 Gurke, Fett, Mehl, Brühe.

Die Flecke werden am Tag vor dem Verbrauch sehr gründlich gewaschen, erst heiß, dann kalt, und in einen Topf mit kaltem Wasser getan. Darin werden sie fünf bis sechs Stunden gekocht, bis sie fast weich sind.

Am Tag danach kocht man sie unter Zugabe von Wurzelwerk (Suppengrün) und einem Bündel aus verschiedenen Kräutern weich und gießt die Brühe ab. Das Fleisch wird in möglichst gleichmäßige Stücke geschnitten.

Inzwischen lässt man das Mehl in Fett hellbraun werden und gießt langsam unter Rühren mit dem Schneebesen ¼ Liter Fleisch- oder Gemüsebrühe auf und kocht sie durch. Nun werden die Flecke zugefügt. Das Gericht wird kräftig abgeschmeckt, und zwar mit Essig und Zucker oder Sirup sowie schwarzem Pfeffer. Die Gurke – es kann auch eine saure oder Essiggurke sein – wird in Würfel geschnitten, die man dem fertigen Gericht zugibt.

E. H.

Arm, Darm, Wasserwarm,
Schweineschlachten,
Wurst draus machen.
Du sollst sagen: Quiek!
Überliefert

„Mer hon ah neunerlah gekocht,
ah Worst und Sauerkraut“

Sonntägliche und festliche Mahlzeiten

Das Motto ist dem berühmten Heilig-Ohmd-Lied entnommen, einer der Nationalhymnen des Erzgebirges neben Anton Günthers „Deitsch un frei woll'n mer sei", seinem „Feierobnd" und der „Pfefferkuchenfrau aus Olbernhau" von Kurt Arnold Findeisen.

Anton Günther ist es, der in einem seiner Sprüche sagt: „Erscht musst dich schinden, kümmern und plogen, nort lässt sich's Gute besser dertrogn." Aber man erträgt das Gute im Erzgebirge doch ganz gern und weiß sich nach „sauren Wochen" immer wieder frohe Feste zu gestalten. Der reiche erzgebirgische Festkalender zeugt davon.

Höhepunkt aller erzgebirgischen Festmahlzeiten ist das legendenumwobene Neunerlei. Nach einer gründlichen Untersuchung von Günter Wiegelmann zum Wandel von Alltags- und Festspeisen fanden sich nach 1937 im thüringischen, sächsischen, sudetendeutschen und schlesischen Raum vielerorts quellende oder im weiteren Sinn glückbringende Gerichte in vorgeschriebener Zahl (sieben oder neun), gruppiert um eine Hirsespeise. Offensichtlich hat sich aber nur im Erzgebirge der vor dem Umbruch durch den Zweiten Weltkrieg weit verbreitete Brauch einer Festmahlzeit mit sieben oder neun Speisen mit jeweils besonderer Bedeutung bis ins 21. Jahrhundert erhalten.

Neunerlei steht traditionell nicht nur einmal auf dem Tisch, sondern an den ebenfalls nur im Erzgebirge gefeierten „Drei heiligen Abenden", also am 24. und 31. Dezember sowie am 5. Januar. Inzwischen kann man die Traditionsspeise hier und da in erzgebirgischen Gaststätten das ganze Jahr über bestellen und in Annaberg hat sich ein Gastwirt darauf spezialisiert und sein Lokal danach benannt.

E. H.

Heilig-Ohmd-Lied

Mer (wir) ham uf sachze Butterstolln,
Su lang wie d' Ufenbank;
Heut wird ämol gefraßen wärn,
Ihr Mähd mer wären krank.

Mer hon ah neunerlah gekocht,
Ah Worst und Sauerkraut;
Mei Mutter hot sich ohgerennt (abgerennt)
Die olle gute Haut.

Rick', bruck di Sammelmillig ei,
Nasch' aber net darvu;
Ihr Jungen, wärft ken Respel roh (herunter)
In's heil'ge Ahmt Struh.

Wär is dort über'n Schwamme-Tupp?
Nu Henner (Heinrich), härst de net!
Wort'! itze wenn der Voter kimmt,
Mußt wahrlich n'auf ze Bett.

Ach, horcht ner nei in Ufen-Tupp,
Die Rumpeln un die Geig'n;
Weil es ner net winzeln thut,
Bedets (bedeutet es) fei käne Leich'n.

Nä heil'gen Ahmt zä Mitternocht,
Do laft statt's Wasser Wei,
Wenn ich mich ner net ferchten thät,
Ich hult' än Tupp vull h'rei.

Lob, hul' gleich bei der Hannelies'
Nä Voter 's Kännel Bier,
Noch wenn dä kimmst, do singe mir (wir)
„Ich freue mich in Dir."

Textfassung nach Johann Traugott Lindner

Der Lehrer erzählt vom Neunerlei

Die Kinder rückten näher zusammen und ließen den Lehrer erzählen, ganz, als hätte er die Geschichte des Erzgebirges von Anbeginn gelebt. Die Gesichter glühten vom Muckefuck und die Hände waren heiß. Der Lehrer schnitt Christstollen auf.

– „... so lang wie de Ufenbank", sang er.

– „... und wammer den gegassen ham, do seimer alle krank!", fiel Schramm-Sabine ein. Sie kannte das Lied von werweißwem, obwohl sie in der Stadt lebte. Der Lehrer Dörfler nahm den Kindern das Versprechen ab, am Heiligabend, nach der Bescherung, bei ihm auf dem Tellerhäuser zu erscheinen. Er halte eine Überraschung bereit.

Am Morgen des 24. Dezember stand er früh auf. Es war noch dunkel. Über Nacht hatte es geschneit. Dörfler schippte Hof und Wege frei und streute die Asche vom vergangenen Abend über die abgeschürften Stellen. Der Schnee hatte das Schlafzimmerfenster der Fiedlern erreicht und lag kniehoch vor der Tür der Uhligen. Der Lehrer räumte ihn weg. Dann standen die Nachbarinnen vor ihm, von Kopf bis Fuß in graue Tücher gepackt, als wären sie so zur Welt gekommen. Dörfler kannte sie seit seiner Kindheit in dieser Verhüllung. Im Gebirge war es immer kalt. Wer denn der Besuch gestern Abend gewesen sei, wollte die Fiedlern wissen.

„Ich sog's dir", sagte die Uhligen und flüsterte der Nachbarin etwas durchs Kopftuch.

„Zam Dunnermad aber noch a mol!", rief die Fiedlern erschrocken.

Der Lehrer grüßte freundlich und ging zurück ins Haus. Am frühen Abend erschien Grummert-Thomas bei ihm. Wenig später kamen Kitty und Sabine. Richter-Steffen brachte seine beiden kleinen Schwestern auf dem Schlitten mit. Hielt man den Atem an, konnte man die Glocken von Ehrenzipfel hören. In Dörflers weihnachtlicher Stube brannten Kerzen, drehte sich die Pyramide, rauchte der Holzopa.

– „Ich hoffe, ihr habt noch großen Hunger“, sagte der Lehrer.
– „Was gibt’s denn?“, wollte Grummert-Thomas wissen.
Der Lehrer strich sich geheimnisvoll durch den Bart.
– „Das Weihnachtsessen unserer Eltern und Großeltern.“
– „Boh!“, rief Jost-Kitty.

Brot und Salz auf dem Tisch. Die Kinder nahmen ein wenig davon, dem Lehrer zuliebe. Sie waren satt vom elterlichen Gänsebraten. Der Tannenholztisch gab dem Gastgeber Halt, da es ihn plötzlich wieder schwindelte, die ganze Zeit auf ihn zu stürzen schien. Er hatte die Mahlzeiten genau vorbereitet. Arm war man in der Gegend gewesen. Den Kindern sollte es schmecken. Als der Lehrer Dörfler Wurst und Sauerkraut aus der Küche holte, vergaß er, warum er das alles tat. Ein Schleier aus feinem Silbergrieß legte sich auf die Augen. Bis zu den Ohren klopfte das Herz. „Labbsack!“, hörte er die alte Uhligen rufen. Es war diese haderlumpengraue Gegend. Er war heiterer, als es sich hier gehörte. Vor und hinter der Grenze nannten sich die Frauen Kowař. Hart stellte der Lehrer Teller und Schüsseln auf den Tisch. Die Kinder griffen zu, erfreut darüber, dass Brot und Salz nur der Anfang gewesen waren. Der elterliche Gänsebraten hatte satt gemacht, aber wenn man zwölf Jahre alt war, galt das nichts. Der Lehrer selbst aß kaum etwas. Das Sauerkraut war mit Mehl und Kartoffeln gestreckt. So konnte man aus einem Kohlkopf drei machen. Dörfler hatte alles eigenhändig vorbereitet und damit seinen Hunger gestillt. Wurst und Sauerkraut folgten Linsen mit grünen Klößen.

„Damit ihr im Neuen Jahr immer Kleingeld habt“, erklärte der Lehrer mit Bezug auf die Linsen, und: „Großes Geld wird euch nicht ausgehen, wenn ihr die Klöße esst.“

Die Kinder löffelten die Linsen, rissen die Klöße auseinander und tunkten sie in die braune Soße, sie hatten kaum noch Hunger, aber die Gegenwart des beliebten Lehrers erweiterte ihre Mägen. Der Sellerie aus dem eigenen Garten, weich gekocht, süßsauer eingelegt. Welches Kind mochte jemals dieses Gemüse! Aber die Kinder um den

Lehrer Dörfler aßen, und es schmeckte ihnen. Fast waren die Kerzen abgebrannt. Das Licht hatte Rehe aus dem Wald vor die Fenster gelockt.

– „Die toten Männer meiner Nachbarinnen“, sagte der Lehrer Dörfler.

– „Glauben wir nicht!“, lachten die Schüler und fühlten Sorge um ihren Freund. Dörfler lachte auch. Er platzte förmlich vor Heiterkeit, obwohl seine Gedanken seltsame Signale ausschickten, solche, als dürfe er die Kinder nie wieder aus dieser Stube herauslassen, als könne ihnen auf dem Heimweg etwas zustoßen, oder ihm, wenn er dann alleine wäre zwischen Klöppeldecken und Leinentüchern, Kreuzstichstickkissen, Federbetten, zwischen der kleinen Wachszeichnung des Großvaters vom Tellerhäuser, zwischen dem Teleskop, der Steigeruniform des Vaters, den Eisentöpfen, Tonschüsseln, Schnitzfiguren, dem Schnarren der Fiedlern, dem Moosen der Uhligen, zwischen all den magnetischen Geheimnissen der Dinge. Der Lehrer hatte sein Alter vergessen.

– „Semmlemilch!“, rief er und brachte eine Schüssel in süßer warmer Milch eingebrockter Brötchen.

– „Boh!“, sagte Jost-Kitty, „das haben die Leute früher alles essen können?“

Der Gänsebraten von zu Hause behauptete sich. Von der Semmlemilch nahmen die Kinder nur wenig. Es schneite wieder. Erst zu Murmeln gepappte Flocken, die schnell und schwer vom Himmel herunterklatschten; dann, als es kälter wurde, leichte tänzelnde Kristalle, die sich auf die ausgestreute Asche legten. Der Lehrer Dörfler trug die letzte Speise auf. Im Sommer hatte er Schwarzbeeren gesammelt und in einen Tontopf mit Zucker eingelegt. Jetzt verschenkte er kleine Kellen des köstlichen Kompottes. Die Kinder hatten rote Wangen und blaue Zähne, als sie Abschied nahmen.

Kerstin Hensel

Die unerlässliche Grundlage der Feststimmung

Schon unter dem Lichterbaum lagen bestimmte Leckereien. Im weiteren Verlauf des Festes spielten uralte Volksgerichte eine große Rolle. Auf den Dörfern stand eine Semmelmilch den ganzen Tag auf dem Tische, in der Stadt war in meiner Jugend am Weihnachtsheiligabend ein Heringssalat und danach ein Stollen mit Rotweinpunsch sehr gebräuchlich.

Zu Mittag am ersten Feiertage war die mit Äpfeln und Beifuß gefüllte Gans, am zweiten Feiertag in wohlhabenden Häusern ein Hasenbraten oder ein mit Butter gesottener Karpfen die unerlässliche Grundlage der Feststimmung. Denn man darf nicht glauben, dass die erzgebirgische Küche, wenn man von den allgemeinen „Hungerjahren“ wie 1847 absieht, so nach Armut und Verelendung roch, wie man es nach wehleidig beschriebenen Stimmungsbildern „aus dem sächsischen Sibirien“ schließen könnte. Die alten erzgebirgischen Kochrezepte, die von Geschlecht zu Geschlecht überliefert wurden, wirtschaften außer mit Kartoffeln auch mit einer genügenden Menge Fleisch und Fisch und mit so viel Butter, Milch und Eiern, dass es einer sparsamen Hausfrau dabei angst und bange werden kann. Und vollends heute ist die erzgebirgische Küche und Bäckerei so gut und gediegen, dass sie mit keiner anderen den Veregleich zu scheuen braucht.

Otto Eduard Schmidt

De „Tradition“

Dr Osser is nu aah lang in Rente gange. Er war allweil e fideler Kerl gewasen und voller Eifäll. Schie dozemol, wie er noch mit senn Bus ne Kasinobarg dingenauf geprägelt is. – Zen Feierobnd tat er immer noch schnitzen. Seine Bargmanner erkennt mr geleich an dr Nosenspitz. Vür allen ober hängt dr Osser an saaner Haamit, besondersch an senn Schneebarg und dan alten Sitten. Un gar, wenn's of Weihnachten zugieht. Do mußt alles esu gemacht wardn; wie's schie bei sen Grußvotr zugange is.

De ganze Weihnachtszeit war voller „Tradition“. Un die mußt eigehalten wardn! Um jeden Preis! Nu warsch ben Osser esu Sitt, doß er am 3. Advent nochmittig mit senner Marga of Weißbach marschiern tat, üm es Weihnachtsgansel ze huln. Bei enn ganz bestimmten Bauer. Se hätten aah miet ihrn schien Auto fahrn könne, ober dos ging net. Es Gansl mußt ze Fuß gehult wardn. In enn Rucksack. Su gung des Gahr fer Gahr. Mir hattn uns schie an dos Bild gewähnt. Bis Afang dr achtzger Gahr. Do schlug es „Schicksal“ zu. Dr Bauer ließ sogn, er hätt kaane Gänseln meh. Wos machen? Dr Osser ober un de Marga bliebn hart. Se hattn enn Eifall.

Mittog marschiereten se lus. Wie immer. Grod an unnerer Haustür vrbei. Dr Osser miet en grußen schwarzn Rucksack. „Nu, gieht's auf Weißbach zen Ganslhuln?“, freget ich. „Ha.“ Meh saht dr Osser net. „Nu ober, mit dan schwarn Rucksack?“, freget ich neigieret. „Gieht denn do noch e Gansel nei?“ Dr Osser druckset erscht e wing rum, dann maanet er: „Dos is esu: Dr Weißbacher Bauer hot kaane Ganseln meh, do hot de Marga gestern ben Flaascher e schiens Gansl gehult. Die trogn mr itze nunner of Weißbach, trinken im Kretzscham unnern Korn un en Kaffee, un dann brenge mr es Gansl im Rucksack wieder miet eham. Denn es Weihnachtsgansel muß vu Weißbach gehult wardn.“ „Tradition“ darf abn net gebrochen wardn!

Heinrich Lorenz

E guter Appetit

En Barger-Hugo sei Libbstes of der Walt, dos war eweng racht gut assen. Do kunnt er alles stieh un liegn lossen. Er ooß esu viel, wos su uhgefahr zwee' Schwaararbeter gebraucht hobn, ober dervür mußt dos noch eweng schie fettig sei.

Der Hugo hot abn en sähr gesunden Mogn gehatt. Mer soochs ne aah an sen weiten Sackahzug ah, wie dar überoll gespannt hot, es gahng nischt meh nei un der Hals un es Kinn, dos war aans. Es hot när su geschwabbert, wenn er es Dorf runner kumme is. Un dessertwagn hobnsen ah bluß de Fett-Gusch gehaaßen. Dodrauß hot er sich ober nischt gemacht, er tot en Bauch noch wetter rausberzen.

Er war bluß of en Damm, doß ne ebber dos gute Zeig zen Assen net ausgieh tot. Dos warn egal senne größten Sorgn.

Vun allenzamm hot er ober es Gänsflaasch an libbsten gassen. Sette Leit sells maa noch meh gabn. Do kunnt mer aah ben Hugo verbei gieh, wenn mer wollt, su e dreie, viere aah fünf Gansle kunnt mer egal drenne in sen Gartel remschnattern härn. Se warn alle net schlacht gemast, ober aane war derbei, su ne Grautschack, die hot en Hugo an merschten in de Aagn gestochen, se hot ball en Bauch geschlaaft, su fett is die gewasen. Dar ihre Tog warn gezehlt. En annern Sunntig kimmt die nei der Pfann, hot sich der Hugo gesaht. Dan hot die Woch schu ze lang gedauert. Ober 's vergieht aa Tog noch en annern un en Sunntig früh bezeiten hot er es Kasterool enzu geschafft, dos Gansel neigelegt, en Buckel noch unten un de Baa noch ubn un dos Brageln gahng lus. Do brauchet sich senne Linda ebber net drem zu bekümmern, dos machet der Hugo alles salberscht. Die hot aah heit kaa Zeit derzu gehatt, se gahng in der Kärch.

Ober schu ehwenn se furt machet, hot sich der Hugo eweng Bauchflaasch runnergeschnieden, wall ne die fettige Haut über alles gange is. Ooch war dos wos Gutes, do hot er geschlufert. Un dar gute Geruch. De Linda hot geresseniert: „Kastes dä net derwarten bis ze Mittig, alter gelanglicher Karrl du!"

De Tür hotse ober noch net urndlich zu gehatt, do hot er sich über su e dickes Baa hargemacht, do is blus der Stacken übrig gebliebn. Nu dos is doch aah es beste vun ganzen Gansel.

Enne klaane Weil hot er sich nei der Kanepee-Eck gesetzt un of dos Quatschern in der Rähr gehurcht. Dos hot ne kaa Ruh gelossen un noochert hots ne wieder hiegezugn, er kunnt gar net annersch un do is dos annere Baa drahkumme, dos hot er aah urndlich ohgelaadert.

Ober dos is nu aamol su, der Appetit kimmt ärscht ben Assen. Der Hugo fung wieder ah zu schnuppern. Naa, esu gut hot noch kaa Gansel net gerochen als wie die. Es hot ne in der Stub remgetriebn, emol langsam un wieder fix un zerletzt zug er wieder es Kasterool raus. När noch enne Scheib oder zweehe vun der Brust mußt er kosten. Derbei hot er rauskriegt: Dos schmook noch besser wie de Baa. Un su is aane Scheih noch der annern drahkumme, bis do aah nischt meh runner zu schneiden gob. Wie sich der Hugo dos Gansel nu eweng genauer ahgeguckt hot, do warsch ne doch net ganz aanerlaa, er hots mit der Angst ze tu kriegt. Es log när noch es Gestell drenne un dos sooch warklich racht zerschunden aus. Bluß an Kopp un an Hals hot er sich nischt dermiet ze schaffen gemacht. In senner Nut hot er dos Gansel remgedreht, en Buckel noch ubn. Nu stonds drenne of dan zwee Stacken, wos ärscht de dicken Baa gewasen sei. Es sooch aus wie e Saagbock, unten war alles huhl.

„Wenn doch dar Baster heit eweng länger machen teet“, hot er su ver siech hiegesaht. Un de Linda tot in der Kärch egal of der Bank remrutschen, dar daurets viel zu lang. Der Karrl ward doch derham, ebber net derwalle die Gans zammgefrassen hobn, gahng ersch egal dorsch en Kopp. Se hot heit gar net die rachte Ahdacht gehatt, se war net bei der Sach.

Itze kam se ubn es Bargel reigewieselt, ganz ohne Oten warsche. Se hot es Gesangbuch noch net aus der Hand getah, es ärschte war: Hie noch der Rähr. Do sooch se drenne dos Gestell.

„Nu ich gelaab gar – – – ei du Geemerschnee – – – wos haste dä nu wieder ahgericht’ – – – galle ich hob mersch doch geleich gedocht, doß diech der Appetit imbränge ward. Schaam dich när eweng, du alter grußer Fraßsack du. Nu hobn mer ze Mittig gar nischt meh, en Kopp un en Hals kaste aah noch frassen, alter Wanst.“ Su hots geklunge, wie de Linda vun der Kärch kumme is.

Der Hugo sooß braat of en Kanepee un maanet eweng bedöppert: „Dei altes Geneesch, wos is da su e Vögele, ’s is doch nischt derzu. Ober ich waß schu, du ginnst en abn nischt un iech waar alle Tog wäniger. Iech mogsen nischt, wärschte net in der Kärch gange. Nu kaste dei Gans ellaa assen, ich hob mich geleich ze sehr geargert über diech, do bekimmt mer noochert es Assen net.“

Dos war heit es letzte Mol, doß de Linda in der Kärch gange is, wenns derham Gänsbroten gabn hot.

Otto Schwalbe

Ein Kirmestag auf dem Lande

Den folgenden Kirmestag sich auszumalen, überlasse ich der Einbildungskraft unserer freundlichen Leser und der Älteren unter ihnen eigener Erinnerung. Das Haus war voll Gäste. Bis weit aus dem Niederlande her und vom Gebirge herunter war die ganze Verwandtschaft verschrieben. Auch was zur „Freundschaft“ gehörte, fand sich ein. Unendliche Mengen Kuchen wurden vertilgt, beim Kaffee, der übrigens den ganzen Tag nicht aus der „Röhre“ kam, wurde namentlich dem „Halbdicken“ fleißig zugesprochen. Der Aufgang beim Mittagsessen war beträchtlich. Wie einst bei der Wiederkehr des verlorenen Sohnes in das Vaterhaus ward ein gemästet Kalb geschlachtet, und im Hühnerstall hauste mordlustig die Köchin damals ärger als weiland Herodes unter den Kindern in Bethlehem. Nichts, was da „kreucht“, war sicher. Selbst das Wasser der nahe vorbeifließenden Mulde lieferte seinen Beitrag an schmackhaften Fischen, und der Dorfbach gab die bunt gesprenkelte Forelle dazu. Das Vergnügen war ungeheuer. Das Klappern der Teller hörte gar nicht auf, und unter der Wirkung des Würzburger und Rheinweins, der die Zunge löst, floss unaufhaltsam und unaufhörlich der Strom der Rede von den Lippen der beredten Männer, wie das Mühlrad unendliche Umdrehungen macht, wenn plätschernd von oben her das Wasser sich in seine Schaufeln ergießt. Derweil die Männer kein Ende fanden beim Wein und die Frauen beim Kaffee, der immer und immer wieder nach dem Essen gereicht ward, jagten sich die Kinder im Hof und Garten umher und sorgten so, dass die schwere Kost ihnen auch gut bekomme. Am Abend begann das Essen von Neuem oder fand vielmehr nach kurzer Pause seinen Abschluss. Die Kinder wurden zu Bett gebracht. Während diese schliefen und in wunderbaren Träumen die Erlebnisse des Tages in großartiger Übertreibung nochmals an sich vorüberziehen sahen, machten die Herren unten ein „Spielchen“, bis die Frauen, die daneben beim Kaffee saßen, allmählich eine nach der andern ins „Nicken“ kamen und ihren müden Händen die Stricknadel entglitt.

Am andern Morgen gab's ein kräftiges Frühstück, bei welchem der Hering seine bekannte Rolle spielte, und dann nahmen die meisten, auch der von fern hergekommenen, Gäste aus der „Freund- und Verwandschaft“ mit dankbarer Rührung Abschied. Oberpfarrers blieben noch bis Mittag, dann kam auch für sie die Stunde des Scheidens. Auf dem Hof hielt ein mächtiger Leiterwagen, wie ihn der Landmann braucht, wenn er zur Erntezeit die vollen Garben in die Scheuern führt. Diesmal waren Bretter rechts und links an den Leiterbäumen als Bänke befestigt. Auf diesen nahm Hochwürden mit Familie Platz, der Kinderwagen wurde hinten auf- und angeschnallt.

Ob der Herr Gerichtsdirektor und Schwager den Wagen hat anspannen lassen, um die Gäste auf diese Weise bequemer und schneller nach Hause gelangen zu lassen, oder ob er darin das einzige Mittel sah, sie zur festgesetzten Zeit und überhaupt wieder fortzubringen, ist nie recht aufgeklärt worden. Jedenfalls fehlte es beim Abschied nicht an Herzlichkeit und von den Resten der Kirmestraktamente wurde den Scheidenden mitgegeben, dass man hätte meinen können, sie könnten eine ganze Woche davon zehren. Das war aber nicht der Fall, sondern die Kinder aßen das meiste schon unterwegs auf, namentlich den Kuchen und die damals bei ländlichen Festen den Gästen zum Abschied noch regelmäßig verehrten „gefüllten Semmeln“. Man verstand darunter Semmelzeilen, die man durch Entnahme der Brose ausgehöhlt hatte. In die Höhlung wurde dann allerlei Eingemachtes, wie in einen Pfannenkuchen, gefüllt. Namentlich beliebt waren abgekochte Pflaumen mit ihrer „Tunke“, süße Hagebutten („Hahnebutten“) etc.

Der Kutscher wählte den näheren Weg über Zschocken, von da ward über Neuwiese, damals noch allgemein „Schafstegen“ genannt, gegen Sonnenuntergang die Heimat wieder erreicht.

Das war eine Landpartie, wie sie zur Zeit, „wo der Großvater die Großmutter nahm“, einfach und gemütlich auch die Angehörigen der sogenannten höheren Stände ganz regelmäßig machten. Ob das Vergnügen heute größer ist, wo man bei Ausführung einer solchen erst die Eisenbahn und von der Station bis in das etwa noch ein Stück entfernte Dorf den „Landauer“ benutzt, darf billig bezweifelt werden.

Friedrich Straumer

’s Heiern

Es schönnste Fast in Menschenlaabn, dos is e Hochzichfast. Es ka waß Gott nischt Schönnersch gaabn als racht viel Hochzichgäst. Su Tisch an Tisch in feinsten Staat bei Lust un Fröhlichkeit, do schwelgt mer werklich in der Tat in höchster Seligkeit.

Do riecht dos ganze Hochzichhaus nooch Broten, Bier un Wei; ne Kaffee riecht mer extra raus, heit is kaa Gerscht derbei. Der Kuchn is turmhuch aufgeschlicht, der Taller werd net leer, un mancher Bauch werd higericht vo Senf un Preiselbeer.

Ze assen gibt’s nu allerhand, mer ißt, sulang mer ka, un kimmt dann gar der Musekant, dann gieht de Hetz erscht a. An wenn dann früh de Gäst sei fort un schu de Waschfraa kimmt, der Musekant noch immer wart, bis die ne Baasen nimmt.

Kehrreim:
Ja, ja, ja, ja, ei ja!
Dos Heiern, dos Heiern, dos is es wahre Pracht,
do ka mer sich freie bei Tag un of der Nacht.
Dos Heiern, dos Heiern, dos läßt doch kenn kaa Ruh,
drüm heiert när bezeiten, ja heiert när drauf zu!

Reinhold Illing

Das Lied vom Ochsenbraten oder Das Kantoreibier

Die Gebirger sind ein sangesfreudiges Volk. Schon lange Jahrhunderte, bevor unsere Gesangvereine entstanden, schlossen sie sich zu Kalandbrüderschaften zusammen, in denen Sangmeister die stimmbegabten Mitglieder in geistlichen und weltlichen Liedern übten. Als die Reformation in den Bergen Einzug gehalten und Meister Luther die Bergmannsherzen mit seinen evangelischen Liedern gepackt hatte, da scharten sich singende Männer und Chorknaben zusammen und bildeten die bekannten Kantoreien. Von den 100 Orten Sachsens, in denen solche „collegia musica" bestanden, entfallen gerade die Hälfte auf das Erzgebirge. Nur wenige davon haben sich – leider Gottes – in die Gegenwart hinübergerettet.

Eine dieser kleinen Gebirgsstädte – wir wollen ihren Namen nicht verraten – ist stolz darauf, noch heute die weit über 300 Jahre alte Kantorei zu besitzen. Die vergilbten Satzungen sind noch vorhanden: Von Zeit zu Zeit wird noch ein Kantoreischmaus gehalten, bei dem das aus dem Stadtsäckel gespendete Kantoreibier getrunken wird. Bei dieser feierlichen Gelegenheit wird die alte Lade vor dem Vorsteher hingesetzt, und aus einem alten Zinnkrug, auf den schon Hunderte von Antiquitätenjägern gespannt haben, wird der „Willkumb" getrunken.

In den alten Akten steht vieles Schöne und Gute zu lesen: wie ernst es unsere Vorfahren mit dem kirchlichen Dienst genommen haben, wie sie auf ihr Ansehen gehalten und an ihre altverbrieften Rechte nicht haben rühren lassen. Und weil sie diese Rechte mannhaft verteidigt haben, so fehlte es an mannigfaltigen Streitigkeiten nicht. Auch davon berichten die alten Blätter weitläufig. Ein Abschnitt aus dem Anfange des 19. Jahrhunderts trägt die Überschrift: „Streit gegen den hochw. Rat wegen Fortgewährung des Kantoreibieres.“ Da wird erzählt, dass der Fleischhauermeister Becker bei der Ablegung der Stadtrechnung den Antrag gestellt habe, künftighin das Kantoreibier, das zum festlichen Konvivium (Wahl) aus der Stadtbrauerei gespendet wurde, in Wegfall kommen zu lassen, da der Herr Kantor sich geweigert habe, bei der Hochzeit der Tochter des Antragstellers am Tische, wo die Ratsmitglieder saßen, aufzuwarten. Jahrelang dauerte der Streit, bis endlich die Zähigkeit der Kantoristen siegte und eine Verordnung der Kircheninspektion anwies: Die Stadt habe das Kantoreibier auch fernerhin zu gewähren oder ein entsprechendes Äquivalentum dafür zu bezahlen.

Als vor einigen Jahren die Kantorei nach einem Schmause fröhlich zusammensaß, da brachte eines der Mitglieder ein Heftchen vor, in das sein Urgroßvater mancherlei Vorkommnisse ernster und heiterer Art eingezeichnet hatte. Und darinnen erfahren wir auch, warum damals der Rat seinen Widerstand gegen das Kantoreibier aufgegeben hatte.

Alljährlich hielt der Rat nach Prüfung der Stadtkassen-Rechnung eine Mahlzeit ab, ähnlich wie sie jetzt noch als „gelbe Suppe“ in großen Städten üblich ist. Dabei hatte die Kantorei mit den Stadtpfeifern aufzuwarten und durch musikalische Darbietungen die Freude der Stadtväter über das vollendete Werk zu erhöhen. Es war nun üblich, dass der Kantor für dieses Fest eine Kantate komponierte, deren Text auf städtische Verhältnisse Bezug hatte. Solange sich Kantorei und Rat gut standen, hatte der Kantor meist auch den Text verfasst, wozu er jedoch nicht verpflichtet war. Als nun der genannte Ratsherr Becker den Kantorei-

streit entfacht hatte, um das Wohl der Stadt wieder einmal gründlich zu retten, wagte man nicht, den Kantor, der nur für die Musik zu haften hatte, auch um den Text zu bitten. Und so musste man ein Ratsmahl ohne Gesang feiern; und die Lieder, die die Herren Ratsherren in vorgerückter Stunde zu den Weisen der Stadtpfeifer anstimmten, sollen nicht gerade ein Ohrenschmaus gewesen sein. Man beschloss deshalb, im nächsten Jahre unbedingt wieder die Kantorei in ihre alten Verpflichtungen eintreten zu lassen. Aber gerade in diesem Jahre hatte Meister Becker für die Herrichtung und Ausschmückung des Mahles zu sorgen. Da war guter Rat teuer. Als man ihn nach einer Ratssitzung nach dem Stande der Angelegenheit fragte, da schmunzelte er über sein behäbiges Angesicht und bemerkte: „Der Text ist fertig. Da brauchen wir den Herrn Kantor nicht; so etwas macht man einfach selber!“

Und wirklich! Am nächsten Tag sah man den Dichter selbstbewusst zum Kantorhause schreiten. Es klopfte zwar dem Mutigen das Herz etwas, als er in das Zimmer des Schulmannes trat, mit dem er seit jenem Vorkommnis kein Wort mehr gewechselt hatte. Er brachte sein Anliegen ziemlich stockend vor, holte dann das Manuskript heraus und gab es dem Kantor. Der überflog es und antwortete, ohne sich zu besinnen: „Das Lied wird zum Ratsschmause gesungen werden!“ Leichten Herzens empfahl sich der Dichter, der nun mit beiden Füßen auf dem Pfade des Ruhmes stand. Welch Bewusstsein: Dichter, sofort komponiert und auch alsobald aufgeführt!

Von da an ging Fleischermeister Becker nur noch erhobenen Hauptes durch die Straßen, und die bösen Jungen munkelten, er habe vor dem Spiegel gestanden und ein Lorbeerreis aus einem Gewürznapf entnommen, der für eine Magenwurst bereitstand, und probiert, wie es sich auf seinem kahlen Scheitel ausnehme.

Die Kantorei kam mit den Stadtmusizis zu Proben zusammen; alles ging in jener Heimlichkeit vonstatten, die so oft auf große Taten schließen lässt.

Das Ratskonvivium kam. Für Speise und Trank war in Hülle und Fülle gesorgt. Auf eine schmackhafte Suppe folgten blaue Spiegelkarpfen mit Krautsalat, und nun sollte ein saftiger Ochsenbraten aufgetragen werden, auf den Meister Becker nicht minder stolz war als auf sein Festgedicht. Er hatte einen Kapitalochsen geschlachtet, wie er sich sonst selten auf den Markt der kleinen Stadt verirrte.

Und gerade vor diesem Ochsenbraten, dem irdischen Höhepunkt der Tafel, sollte nach feinsinniger Anordnung des beiderseitigen Urhebers der geistige Gipfel des Abends, der Festgesang, steigen.

Der Kantor stand mit seinen Leuten bereit, bis der Herr Stadtrichter das Zeichen gab. Es waren ziemlich viel Verse, die, in ruhiger Weise vertont, langsam an den Ohren der auf den Ochsenbraten harrenden Ratsherren vorüberzogen. Dichter Becker hatte den Text von einem Ratskopisten für jeden Teilnehmer auf einen langen Zettel abschreiben lassen. Da naht der letzte Vers. Die Musik wird lebendiger, und kräftiger setzt eine Stimme nach der andern ein. Man wirft einen Blick auf den Text, der den Festgesang schließt, bedeutsam und vielversprechend:

„Es müht sich um das Wohl der Stadt
Zu jeder Zeit der weise Rat.
Und ist die Rechnung wohl geraten.
Dann essen froh wir Ochsenbraten."

Einer der Viertelsmeister, der gern mit seinen Musikkenntnissen prahlte, rief über den Tisch:

„Jetzt wird's lebendig, jetzt beginnt die Fuga!" Ja, die Fuge begann!

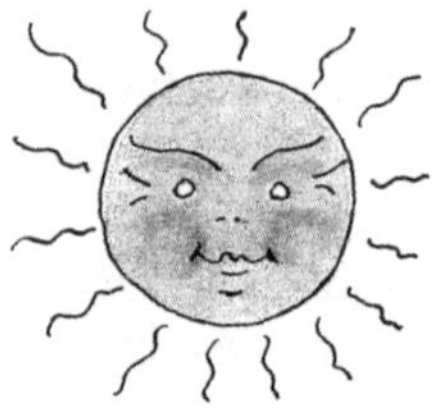

Der erste Tenor sang:
„Dann essen froh wir Ochsen –“
Der zweite Tenor stimmte nach:
„Dann essen froh wir Ochsen –“
Und die Bässe blieben nicht zurück.
Eine Stimme nach der andern sang:
„Dann essen froh wir Ochsen –“

Das wiederholte sich auf- und absteigend mit einem eindringlichen, melodischen Druck, sooft der Vierfüßler erwähnt wurde. Und erst nachdem alle vier Stimmen diese Weisheit gründlich auf den Rat eingesungen hatten, kam der gemeinsame Schluss: „-braten!“

Die Kantate war aus. Über die Mienen der meisten Ratsherren ging das Leuchten der Schadenfreude, die ja bekanntlich die ehrlichste sein soll. Becker hatte einen roten Kopf bekommen, aber er hielt es für das Klügste, zu tun, als merkte er gar nichts. Die Kantorei war abgetreten, sie wurde in einem Nebenraume bewirtet, woher bald fröhliche Weisen schallten. Als Becker auf seinem Teller herumstocherte, fragte ihn der Herr Stadtrichter, der ihn sowieso nicht recht vertragen konnte: „Herr Becker, der oben besungene Ochsenbraten schmeckt Ihnen wohl nicht. Ich finde ihn ebenso saftig wie Ihre Festhymne.“ – Als etliche Wochen danach die Akten wegen des Kantoreibieres zurückkamen, hatten Becker und sein Anhang den Widerstand aufgegeben. Denn diese dumme „Ochsenbraten“-Geschichte musste sobald als möglich aus der Welt geschafft werden. Wo sich nämlich der Herr Dichter Becker zeigte, da summte es in der Fugenweise irgendwo heimlich: „Dann essen wir Ochsen!“ – und nach solchem Lorbeer hatte er nicht gegeizt.

So bekam denn die Kantorei nun alljährlich ihr Bier, und der Friede war wieder hergestellt. Im nächsten Jahre aber bat man den Kantor, dass er wie früher den Text für das Ratsmahl dichte. Und damit war auch Ratsherr Becker einverstanden.

Friedrich Hermann Löscher

Schlemmerlied

Fünf griene Kließ, Roulad' un racht viel Soße,
zum Sunntig Mittog ka des schie mol sei,
würgt dann dr Mogn rüm, gibt's noch en Verdauer,
vun unnrer Vuglbeer a Schnaps muss do miet nei.

A Stück'l Käskuch'n un a Tipp'l Kaffee,
des is wos gut's, ihr kennt mir's fei gelab'n,
un of dan Kuch'n umdrauf zerlassne Butter,
beiß ner mol nei, ja is des net a Tram.

A paar Kug'ln Eis mit en Hauf'n Sahne,
mit racht viel Nüss, Krokant un Praliné,
als Nachtisch wär des a net ze veracht'n,
de Kalorientabell, die is bei uns passé.

Kehrreim:
Ja, ja, ja, des Zeig, des schmeckt fei wirklich gut,
na, na, na, de Wog, die hot heit Ruhetog,
ja, ja, ja, des Zeig, des schmeckt fei wirklich gut,
na, na, na, Diät mach'n mir heit net.

Text in Lauterer Mundart und Melodie
Siegfried Barth

Schöpsenbraten für Onkel Fritz

Meine Tante Gerta aus Reichenau bereitete den Schöpsenbraten für Onkel Fritz und sich nach folgendem Rezept zu:

Schöps (mager)

Zutaten:
750 g Hammelfleisch, 30 g Mehl, 50 g Speck, 50 g Fett, Salz, Wurzelwerk, 50 g Zwiebeln, 100 g Tomaten und/oder Pilze, $^3/_4$ l Wasser.

Das Fleisch wird gewaschen, abgetrocknet, geklopft und in Mehl gewendet. Das Fett wird erhitzt und darin lässt man den in Scheiben geschnittenen Speck glasig werden. Nun brät man das Fleisch darin ringsum an, salzt es und legt den Speck darauf. Das geputzte Wurzelwerk (Suppengrün), Zwiebelscheiben, Tomaten und/oder Pilze werden hinzugefügt und gut durchgebraten. Nun wird der Braten geschmort, d. h. unter Zugabe von immer wieder ein wenig Wasser gegart. Jetzt kann das Mehl zum Binden der Soße im Bratfett gebräunt werden, sodass der Braten knapp bedeckt ist. Man nehme keinen zu großen Topf, die Soße wird sonst zu dünn. Man kann ihr auch Brot- und Käserinden zufügen, um den Geschmack zu verstärken.

Wenn der Braten gar ist, lässt man ihn auf einem Teller auskühlen, ehe man ihn in Scheiben schneidet.

Die passierte Soße kann durch Zugabe von Wasser, Milch oder Sahne verlängert werden. In ihr wird der in Scheiben geschnittene Braten nochmals erhitzt.

E. H.

Fritzes Fritze frißt fett Schöpsenfleisch;
Fett Schöpsenfleisch frißt Fritzes Fritze.

Zungenbrecher, um 1898

„Wenn ich nu su de ganze Woch
mich ogerackert ho,
do gieh ich Sunnobndobnd ganz
gern emol in Gasthuf no“

Vom Durst daheim und im Wirtshaus

Das Motto dieses Kapitels ist einem Lied von Emil Müller (1863–1940) entnommen. In einer Zeit, da es weder Radio noch Fernsehen oder andere Unterhaltungselektronik gab, ist die Rolle von Gasthöfen nicht hoch genug einzuschätzen. Sie waren Orte der Unterhaltung, Entspannung und der sozialen Kontakte, allerdings in allererster Linie für die Manns- und nicht für die Weibsleut. Sehr deutlich kommt das z. B. in einem (hier nicht abgedruckten) Lied von Hans Soph (1869–1954) auf die alte Schankwirtschaft „Oswin" in Zwickau zum Ausdruck: „Vom Dischkuriern un Singe" ist da die Rede, vom Klavier, dem Gläserklingen und von „ze Assn mannichmol" – und die Frau sitzt wartend zu Hause.

Wie überall, wo hart gearbeitet wird und der Alltag trist ist, sind Bier und Schnaps rascher und reichlicher zur Hand, als es der Gesundheit und dem Familienfrieden zuträglich ist, wie aus mancherlei erzgebirgischen Schnorken abgelesen werden kann. Und an süffigen Bieren und speziellen Schnäpsen war das alte Erzgebirge reich. Glücklicherweise sind eine Reihe erzgebirgischer Biermarken bis heute erhalten geblieben. Die ausgezeichnete Qualität des erzgebirgischen Bieres ist auf das gute Gebirgswasser zurückzuführen.

Die Männergesellschaft lebte im alten Wirtshaus offensichtlich gern ihren Drang aus, anderen einen Schabernack zu spielen. Die Erzählungen im folgenden Kapitel legen ebenso davon Zeugnis ab wie die als Ausklang nach dem letzten Kapitel abgedruckte Geschichte vom „Kantor, der die Speisekarte auf- und absingen" musste.

E. H.

Wenn ich nu su de ganze Woch

(Kupferschmied-Weise)

Wenn ich nu su de ganze Woch mich ogerackert ho, do gieh ich Sunnobnd obnd ganz gern emol in Gasthuf no. Un plogt mich dos und plogt mich gens – e jeder hot sei Plog – do schmeckt fei gut e Glaasel Bier, ich läpper scho dernooch! E Töppel Bier – Prost! Prost! mit Schaam und Gischt – Prost! Prost! ja über dos – Prost! Prost! do gieht doch nischt! Prost! Prost!

Wenn aans racht lang geloffen is un is nu müd un matt un hot enn Haufen Drack geschluckt un hot ne Krampel satt, un wenn aans frat sich of de Ruh ne liebn lange Tog – do richt enn auf e Töppel Bier, ich läpper scho dernooch. E Töppel Bier – Prost! Prost! ...

Un kimmt fei gar mol of Besuch dos oder gens ze mir – mer is doch net drauf eigericht: wos setzt mer'n dä gleich vür? Do gib's fei kaa lang Überlegn, dos is gar kaane Frog – mei Maadel hult e Kannel Bier, ich läpper scho dernooch! E Töppel Bier – Prost! Prost! ...

Emil Müller

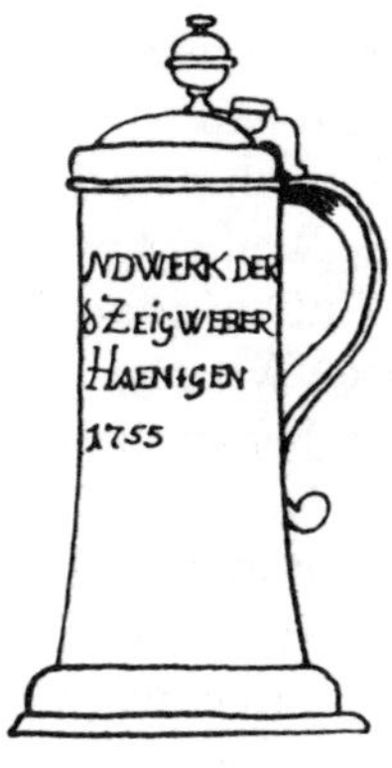

Der falsche Schweinebraten

Der Ulbricht-Emil, der außer seiner kleinen Feldwirtschaft noch das Handwerk der Büttnerei betrieb, sah sich genötigt, seine Klötzervorräte zu ergänzen, und gedachte eines Sonnabendmittags nach dem Kriegwalde in die Holzauktion zu gehen.

Eingeseift stand er vor dem fleckigen und halb blinden Wandspiegel und versuchte krampfhaft, mit dem abgenutzten Rasiermesser seine Bartstoppeln abzukratzen. Seine Frau, die Emilie, hatte schon immer die Stulpenstiefel zurechtgestellt und legte nun ein hart gestärktes, brettelartiges, weißes Vorhemdchen auf den Tisch. Der Emil warf einen schiefen Blick dahin: „Ne, mit dan Ding, do loof 'ch heit nich in dr Walt rimhar. De Forstleit denken glei, ich konns bezohl'n, wenn ich mit an sechen Gäferlatzel kumm! Do mochen se mir gleich in höchsten Preis!"

Die Emilie stand ratlos.

„Gieh när un hul's wullne Vurhemmel!", kommandierte ihr Mann.

„Ober dos altmodsche Ding konnste doch nich meh onziehn, dos hon nich emol meh die Grußväter dron", wagte sie schüchtern einzuwenden.

„Ach wos, mir sein orme Leit un dos gieht niemanden wos on." Zwei schwarzrote Blutstropfen rannen dem Sprecher plötzlich vom Kinn.

„Hopla! Do ho'ch mich o noch g'schnitten. Dos kimmt bluß dervun, wenn de Weibsen esu im en rimquerl'n un olles besser wissen wulln!", räsonierte der Emil weiter.

Während der letzten Worte war auf der Türschwelle die Keller-Male mit ihrem Semmelkorb erschienen, eine Pockauer Hausiererin.

„Na, do schneid dir när nich etwo nuch de Gorgel durch! Es kimmt nuch e Weibsen derzu", rief sie lustig in die Stube hinein. „De Leit warn esu schon denken, die Krohletzer uff denn Bocken stamm vun denner Emilie!"

Der Ulbricht-Emil aber nicht zum Scherzen aufgelegt,

verzog sich grollend ins Nebenstübchen. Dort hinein trug ihm nun die Emilie das gewünschte grauwollene „Vornefürchen“, das in der Mitte einen schwarzen Samtstreifen mit rot gestickten Blümchen aufwies.

Im Begriffe, es ihrem Hausherrn um den Hals zu knöpfen, fiel ihr ein: „Ach, do könnste doch glei, wenn de über Zöbeltz kimmst, unsern Sunnt'gbrotn mitbreng, drei Pfund racht schien durchwochsens Schweinfleesch, do brauch'ch doch nich erscht noch dr Puk zu renn!“

„Wurum de glei esu viel? Drei Pfund für uns vier Monn?“, begehrte der Emil auf.

„Du weßts doch, doß mir morgen Onnobarger Besuch kriegen, deine Schwaster, die Christel, kimmt doch mit ihm Monn un Kinnern, do mußt ahm e bissel meh breng“, erklärte die Emilie und holte aus einer Schublade ein rotgemustertes Taschentuch hervor.

„Do, hier gab'ch dr e rut Schnupptüchl, do konnste glei 's Zeig neinbinn!“

Sie schob ihm das Tuch in die Rocktasche und half ihm mit Mütze und Stock aus dem Haus.

„Na, do wünsch'ch o an racht g'segneten Schweinbroten“, grüßte die Keller-Male beim Weggehn.

Der Holzhandel im Kriegwalde zog sich etwas in die Länge und die Geschäfte gingen dem Emil diesmal nicht nach Wunsch. Als er im Zöblitzer Fleischerladen stand und seinen Sonntagsbraten einkaufte, war es schon dämmerig geworden.

Verdrossen stapfte er dann, den Stock mit dem roten Fleischpäckchen daran über die Schulter gelegt, die steile Landstraße zu seinem Dorfe hinan.

In der Schänke „Zur guten Einkehr“ brannte schon Licht. Der Emil, der eben vorüber wollte, trat plötzlich, von Neugier getrieben, ans Fenster und spähte durch die halb geschlossenen Vorhänge in die räucherige Gaststube.

Am großen Rundtische an der Wand, von wo seit undenklichen Zeiten der große geschnitzte Ochsenkopf mit den echten Hörnern und den schielenden Glasaugen herniedersah, saßen mit ihren Tabakspfeifen eine Anzahl Bauern. Sie hatten vorher eine Gemeinderatssitzung abgehalten und tranken jetzt genießerisch ihr Glas Bier.

Der Emil, gewohnt, hin und wieder auch einen Sonnabendtrunk zu tun, überlegte gerade noch, ob er hineingehen sollte oder nicht. Da legte sich von hinten eine derbe Hand auf seine Schulter: „Do gibts gor nischt erscht rimzugoffen, do werd glei mit neingegang!“ Und schon schob ihn der Knechtsgonsen-Bauer vor sich her über die Schwelle.

Die Ankömmlinge tippten, wie üblich, zur Begrüßung der andern auf den Tisch, und der Ulbricht-Emil verstaute vorsorglich sein Fleischpaket hinter das große Ledersofa aufs Fensterbrett, zwischen die ausgedörrten Storchschnabelstöcke.

Bald war eine launige Unterhaltung im Gange; denn wo der Knechtsgonsen-Bauer erschien, da ging gleich das Hänseln und gegenseitige Aufziehn los. Er wusste über die täglichen Vorkommnisse in allen Häusern Bescheid.

„Wenn du do bist, do braucht mer ke Wochenblot!“, meinte einer. „Dich hätten se sulln zu unsern Amtshauptmonn mochen, do könnste racht in der Gegend rimschnüffeln!“

„Rumschnüffeln“ war das richtige Wort für die immerwache Wahrnehmungsgabe des Knechtsgonsen-Emil; denn eben hatte er mit forschendem Blicke von seinem Sofaeckplatze aus das bunte Taschentuchpaket des Ulbricht-Emil auf dem Fensterbrett gemustert und sofort erkannt, dass es Fleisch enthielt, und schon braute sich in seinem Kopfe eine Niedertracht zusammen.

Vorläufig tat er noch nicht dergleichen, aber er wurde immer aufgeräumter und gab bereits die zweite Runde Kümmelschnaps zum Besten.

Einige fühlten sich dann verpflichtet, es ihm nachzutun, und so kam es zu einer richtigen kleinen Sauferei.

Der Knechtsgonsen-Bauer war schon ein paar mal draußen gewesen, so von ungefähr, doch keiner hatte bemerkt, dass er einmal das bunte Paketchen unter dem Rocke mitgenommen hatte.

Der Ulbricht-Emil, der nicht gerne an die Reihe der Schnapsspender kommen wollte, gedachte an Aufbruch. Er griff hinter sich nach dem Paket. Es lag an seinem Platze, aber der Knechtsgonsen-Emil fiel ihm in den Arm: „Du wärscht doch nich! Itza bleibste do. Ich gab eich ollen a Fastassen heit Ohmd!“ „Nanu, du host wuhl ene Erbschaft g'mocht“, so rief es aus dem Kreise der Umsitzenden.

„Ne, ober ich ho e wos Schön's g'funn heit Ohmd, un dos will'ch gleich wieder hargam. Ich bi ahmd a guter Mensch, dar de nischt für sich eleene behaln konn.“ „Wenn de dos mochst, biste e Ochs! Ich für men Teel denk: Salberassen mocht fett!“, schrie ihm da der Ulbricht-Emil hin.

„A gscheiter Ochs is mir lieber as wie a dummer Bauer“, gab der Knechtsgonsen-Emil anzüglich zurück.

„Wie lange müss' mer de noch uff dos Fastassen wort'n? Vielleicht kinn mr derweile en Doppelkopp mochen?“, fragte ein Hungriger.

„Bluß noch an Ogensblick, 's gibt Wellfleesch mit Kraut. Es kocht schun seit ener Schtunn un werd glei gut sein!“, beruhigte der edle Spender.

Es dauerte auch wirklich nicht mehr lange, da deckte die Wirtin den Tisch. Eine große Schüssel mit in Scheiben geschnittenem Schweinefleisch wurde aufgefahren nebst Sauerkraut und Kartoffeln.

Die Gäste langten wacker zu, allen voran der Ulbricht-Emil; denn der hatte seit Vormittag nichts im Magen. Aus Dankbarkeit spendierte er doch noch eine Runde Schnäpse und wurde dann einer von den Lautesten und Vernügtesten. Gegen Mitternacht verließ er schließlich froh gelaunt und ein wenig „angehackt" das Lokal, schulterte sein Päckchen und trabte nach Hause. „Luss dir denn Sunntagbroten gut schmecken!", hatte ihm der Knechtsgonsen-Bauer noch nachgerufen. „Ich war mich schun amol wieder obfinn. Ich mach dr a schie Pökelfassel!", hatte der zurückgegeben.

„Is nich nutwendg, ich hob d'rsch gern gegabn!", schrie meckernd noch der Bauer; aber der Ulbricht war schon außer Hörweite.

Von den Zechbrüdern, die da noch beisammensaßen, fragte plötzlich der eine den Knechtsgonsen-Emil: „Sog mer nar, wos hoste ober nar g'funn, doss de heit esu de Spendierhusen onhost un so viel zun Besten gibst? Ich wullt dich vurhin schon fragen."

„Ganz efoch, dos Fleesch ho'ch g'funn!"

„Dos Fleesch hoste g'funn?" Der andere machte verwunderte Glotzaugen. „Doch nich etwo uffn Wag?"

„I, wos de denkst, dohier uffn Fansterbratl in en ruten Schnupptüchel logs eingebunn."

„Dos Packl wor doch'n Ulbricht-Emil. Dar hots ober doch wieder mitg'numm, wie er ging?" Der Nachbar tat immer verwunderter.

„Natürlich hot'rsch wieder mitg'numme. Ober das Gekeife vun dan senner Emile möcht'ch morgen früh hörn, wenn die dos Stückl Ockerland mit Steen drinna auspockt."

Grete Baldauf-Würkert

Gleich nebenan

Sitzt im „Schwarzen Adler“ in …, ich sogs lieber net, wu dos gewaasen is; sitzt also im „Adler“ e feiner Gast und winkt ne Ober zu sich raa. Haamlich steckt’r ne schwarz Befrackten e Galdstück zu und freegt leise nei sein Ohr: „Würden Sie mir etwas Besonderes empfehlen? Heute möchte ich einmal so richtig genießen!“ Dr Ober beiget sich zum Gast runter und antwortet noch leiser, als dr Gast freeget: „Das kann ich. Gehen Sie nebenan in die ‚Goldene Gans‘ dort essen und trinken Sie exquisit!“ – Wenn dos dr Hotelchef gehärt hatt, dar hätt sein Herrn Ober ümgehend nausgepfaffert! –

Karl-Heinz Schmidt

Is de Katz außer Haus …

Wie ne Wittigstholer Henner sei Weibsen fer e paar Tog in dr Sose blub, wall is Maadel eikumme war, mußt sich dr Henner mit senn Gung allaa betu. Un wall daar of’n Hammer war, hatt er egal Durscht. Genn Obnd, wie er wieder nei’s Wirtshaus wollt, hot’r senn Voter mietgenumme. Dos hot dan Henner machtiglich gefalln, doß ’r ne Freitig un aah ne Sunnobnd miet gang. Do sat dr Gung, wie’s ne Sunnobnd schu spöt wur: „Voter, mer wölln när noch e Halbe trinken, ’s Bier is heit esu schie!“ Un dr Voter drauf: „Mer sei doch allaane derhaam un unner freier Ma …“ „Hastracht, Voter“, sat nu dr Gung, „wos könnten mir fer e Laabn mitenanner führn, wenn ihr mei Mutter net genumme hätt!“

Manfred Blechschmidt

Zwei Biersuppen auf Tante Ännes Art

Zutaten:
150 g Schwarzbrot, $^1/_2$ l Malzbier, 1 Zimtstange, $^1/_2$ Zitrone, Salz, 100 g Zucker, 2 Äpfel, 2 Eigelb, $^1/_2$ l Sahne, $^1/_2$ l Wasser.

Als Kind liebte ich Malzbier und die aus Malzbier bereitete süße Suppe. Tante Änne hatte immer altes Schwarzbrot im Küchenschrank, das sie in Wasser (etwa $^1/_4$ l) einweichte und gut durchkochte. Dem so entstandenen Brei fügte sie das restliche Wasser und das Malzbier zu. Mit geriebener Zitronenschale, Zimt oder einer Zimtstange sowie Zucker und Salz wurde gewürzt. Die Suppe wurde kurz aufgekocht und durfte auf kleinster Flamme noch knapp 15 Minuten vor sich hinsimmern. Schließlich wurde ein Apfel in die Suppe gerieben und diese mit Eigelb und Sahne gebunden. Abgeschmeckt wurde mit Zucker und Zitronensaft. Für Kinder ein göttliches Gericht, vor allem wenn noch ein paar Rosinen hineinkamen.

Zutaten:
$^1/_2$ l helles Bier, $^1/_2$ l Milch, 1 Esslöffel Mehl, 1–2 Eigelb, 3 Esslöffel Zucker, 20 g Butter, Rosinen, Semmelwürfel, Salz.

Das Bier für diese Suppe – $^1/_2$ Liter Helles – holte ich als Halbwüchsiger aus der nicht weit entfernten Brauerei. Tante Änne hatte inzwischen die Milch mit Zucker und Butter sowie Salz zum Kochen gebracht. Wenn es üppig herging, wurden auch ein paar Rosinen hineingestreut. Das Mehl wurde mit wenig Milch verrührt und in die kochende Milch gegeben. Die Suppe bekam dadurch eine sämige Konsistenz. Nun wurden ein oder auch zwei Eigelb dazugegeben und das Bier eingerührt. Freilich durfte die Suppe nicht mehr kochen. Schön cremig, wurde sie noch mit Semmelwürfeln angereichert.

E. H.

*„Wollt ihr mol unnern Kaller sah?
Kommt, guckt mol in ne nei!“*

Vom Ernten, Pflücken und Einwecken

In der guten alten Zeit spielte der Keller als zentraler Vorratsraum eine bevorzugte Rolle. Stolz lädt Manfred Pollmer in seinem Gedicht „Eigeweckte s“, aus dem das Motto dieses Kapitels entnommen ist, zu dessen Besichtigung ein. Und ohne den Reichtum der Wälder war dieser Vorratsraum ja gar nicht zu füllen. Dort gab es das „erzgebirgische Quartett“: Himbeeren, Kratzbeeren, Preiselbeeren und Schwarzbeeren, die frisch als „Beerknitsch“ in Milch eingedrückt auf den Tisch kamen, zu vielerlei Gerichten verarbeitet und für den Winter „eingeweckt“ oder als Marmelade „eingemacht“ wurden. Das Beerenpflücken – oft an steilen Hängen – war mühsam. Aber ich erinnere mich noch gut daran, welchen Spaß wir alle – Kinder und Erwachsene – miteinander hatten, wenn es „in die Beeren“ ging.

Genauso gern gingen wir „in die Pilze“. Zum Pilzesammeln freilich muss man Pilzaugen haben. Für den Winter wurden die gesammelten „Schwamme“ getrocknet, eingeweckt oder sauer eingelegt. Auch Holunderbeeren und Hagebutten vom Wald-, Weg- oder Wiesenrand werden bis heute in der Küche verwendet. Und die Früchte vom „Baum des Erzgebirges“, die Vogelbeeren, dienten als Grundlage für heimische Schnäpse – wie übrigens die verschiedenen Waldbeeren auch.

Zum Sammeln und Ernten im Erzgebirge gehört der oft mühselige Anbau im eigenen „Gärtel“. Das herbstliche „Ardäppelrausduh“ beim benachbarten Bauern geriet früher trotz aller Mühsal beinahe zum Familienfest.

Eigenen Wald zum Jagen hatten freilich nur die Grundherren. Wie mag es nur zugegangen sein, dass auch in einfachen Familien immer mal wieder ein Hase (nicht aus dem Stall!) oder gar selbst erlegtes Wild auf den Tisch kam?

E. H.

Eigewecktes

Wollt ihr mol unnern Kaller sah?
Kommt, guckt mol in ne nei!
Do stinne Glöser, gruß un klaa –
wie stolz mir dodrauf sei!

Se stinne gut, se stinne kalt
der Wand lang eng an eng,
un manichs is aus unnern Wald
un kost' uns net enn Pfenng.

Do stinne Beer un Schwamme do,
in Sommer eigeweckt;
do lacht wos Feins von Braatel ro,
un wie dos noochert schmeckt!

E wahrer Schatz, dos könnt'r glaabn,
dos sei de schwarzen Beer.
Wenn när dos Suchn, dos is es abn,
net su beschwarlich wär!

Un machen mir uns Hiebeer auf,
ißt jeds mit Appetit:
Do schwimmt kaa aanzigs Wärmel drauf,
die kochen mir net miet!

De Kratzbeer hobn sich aah geluhnt,
trotz der zerstochne Händ;
war flessig pflockt un sich net schunt,
dar hot rer aah an End.

Mit Gald gleich gar net aufzewiegn
sei Schwamme heitzetog.
E Glos mit Schwamme zuzekriegn –
macht uns dos erscht mol nooch!

Su gern mer ober Beer raufhult
un sich of Schwamme fraat,
su gern mer sche geleich verspult –
es tut enn doch wing laad.

Die Müh, die Arbet, dos Betu,
un eh mer'sch hot gesucht!
Gar manichs Glos, dos blieb net zu,
wur paarmol eigekocht.

Mir ließen, dos gestieh iech ei,
an liebsten alle stieh,
do, wu se stinne, wu se sei –
se sanne doch su schie!

Manfred Pollmer

Hiebeer-Lied

Leit, is dos e Hiebeergahr!
Is dos net e Staat?
Heier sei se fei net rar –
war sich do net fraat!

Wie gemolt, su schie un rut,
lachen se enn a,
kerschengruß un reif un gut –
Kinner, nischt wie na!

Is dos net de rennste Lust?
Wie enn dos verlockt,
doß mer gleich mol aane kost',
statt nei's Kannel pflockt ...!

Manfred Pollmer

Aßt se net su nei

Kratzbeer gibt's eich Haufen heier;
pflockt när, hult eich welche ra!
Ober wieder sei se teier:
Do, saht har – guckt miech när a!

Hand un Arm un Baa zerschunden,
Krahlertsen aah in Gesicht,
un de Hus zerruppt von unten
bis zen Bund nauf – zöhlt dos nischt?

Aah in Hem enn Schlaz, enn lange,
Stacheln in der Fingerkupp!
Zweemol när bluß bie iech gange,
zweemol voll menn Kratzbeertopp,

ober Schoden über Schoden.
Aßt se mir fei net su nei:
Kratzbeer, ka iech eich verroten,
könne ganz schie teier sei!

Manfred Pollmer

De Beerleit

Ja, wenn de grußen Ferien sei, do gieh mer naus in Wald. Mir trogn fürn Winter Schwarzbeer ei, 's is flessig gung un alt. Ja, rollerolleroll, ja, rollerolleroll, 's is flessig gung un alt.

Jeds Straichel hängt gerappelt voll, Beer wie de Kirschen gruß! Do flackt's, ball is e Tippel vull, un jedes freit sich bluß. Ja, rollerolleroll …

Ze Mittig, wenn mer Hunger hamm, do pack mer'sch Tüchel aus, mer setzen sich ins Gros zesamm, un lus gieht nu der Schmaus. Ja, rollerolleroll …

Mer hobn kaa Tischtuch, kaa Gewürz, de Bemm schmeckt aah esu, ne Kaffee trink mer aus der Stürz, ganz aafach när giehts zu. Ja, rollerolleroll …

Un noochert, wenn mer gassen hobn, is Kaans von uns net faul, un wenn mer alles voller hobn, do beern mer nei ins Maul. Ja, rollerolleroll …

Nochmittig hot der Spaß sei End, do loß mer'sch Beersuchn sei. Schwarz Guschen, Zäh und Nos un Händ, su treibn mer wieder ei. Ja, rollerolleroll …

Friedrich Maximilian Bergfeld

Warum die alte Hanne die schönsten Erdbeeren baute

Vor zwanzig Jahren noch dachte niemand daran, droben im Erzgebirge Erdbeeren zu bauen. Wenn drunten im Niederlande längst die Erdbeeren eingeerntet waren, da gingen droben erst die Kinder in den Wald, um die köstliche rote Frucht in ihre Töpfe und Krüge zu pflücken und sie dann im nächsten größeren Orte zu verkaufen. Hier und da riss wohl einer der Kleinen eine Erdbeerranke aus dem lockeren Waldboden und pflanzte sie daheim in ein Blumentöpfchen oder in das kleine Gärtchen; aber gewöhnlich dauerte es nicht lange, und das Pflänzlein ging ein in Sehnsucht nach seiner luftigen, duftigen Waldesheimat.

Da brachten die Händler plötzlich aus der Hauptstadt des Kreises Schachteln mit, die angefüllt waren mit Erdbeeren, mindestens noch einmal so groß als die Walderdbeeren. Sie trugen sonderliche Namen: „Ananas-Erdbeeren" und dergleichen mehr. Das Wunderlichste aber war, dass diese erstaunlichen Früchte nicht in Südländern unter der Glut steter Sommersonne gereift, sondern dass sie im Lande selbst gezogen waren.

„Drunten im Niederlande mag dergleichen gedeihen", meinten die Gebirgler, „für unsere raue Gegend ist das nichts!" Und wenn sie auch in ihren Zeitungen von Zeit zu Zeit immer wieder den guten Rat bekamen, es mit dem Anbau nur erst einmal zu versuchen, niemand fand Mut und Lust dazu.

Am allerwenigsten aber hätte jemand im Orte daran gedacht, dass des alten Wollwebers H. Ehefrau, die Hanne, wie sie in der Mundart der Leute genannt wurde, mit dem Bau der großen Gartenerdbeeren den Anfang machen sollte. Das kam so. Der Sohn der alten redlichen Leute war Lehrer geworden. Er bekleidete eine Stelle drunten in dem gesegnetsten Stücke des sächsischen Niederlandes. Als er, wie alljährlich, einst zu den Sommerferien die Eltern besuchte, da brachte er der Mutter für den von ihr eigenhändig gepflegten kleinen Beetgarten ein halb Hundert Erdbeerpflanzen mit. Die Alte wollte erst nichts davon wissen; sie brauchte ihren Platz im Gärtchen anders und besser. Als aber der Sohn die Tragfähigkeit, Größe und Güte der Beere nicht genug loben konnte und hinzusetzte, dass man der Pflanze um dieser Vorzüge willen den Namen des guten Landesvaters gegeben habe, da erhob der alte Meister aus seinem Webstuhl heraus die Stimme und sprach: „Ich rede dir zwar sonst in deine Gartengeschichten nichts hinein, aber mit der Beere würde ich es doch einmal versuchen." So wurde denn ein abgebautes Beet fein säuberlich hergerichtet, tüchtig gedüngt und dann mit den kleinen Pflänzchen besteckt.

„Sind sie im nächsten Jahre erfroren", meinte die Mutter, „dann ist's immer noch Zeit, sie herauszureißen und etwas Vernünftiges zu bauen." Aber dazu sollte es nicht kommen!

Als im Frühjahr ziemlich spät die dicke Schneedecke schmolz, da guckten die grünen Blättchen so munter hervor, als hätten sie im wärmsten Federbett geschlafen. Und als die Sonne höher stieg, da quoll Blatt auf Blatt heraus und streckte seine Finger in die Lenzesluft. Zu Pfingsten aber, da hoben sich die Blütenstängel stramm empor und öffneten ihre reich besetzte weiße Krone. Nun ging's wie im Flug. Die Blättchen fielen aus, die Fruchtknoten wurden von Tag zu Tag größer, bald zeigte sich der erste rötliche Schimmer, und da, eines Morgens, fand die alte Hanne die ersten reifen Früchte. Sie brachte ein ganzes Schüsselchen davon zusammen, legte es mit frischgrünen Blättern säuberlich aus und trug es dann still lächelnd ihrem Alten an den Webstuhl. Der schob die Brille in die Höhe, hob die Nase hoch, weil ein ungewohnter Duft sie umschwebte, und sprach, sein Schifflein anhaltend: „Na, hatte der Junge nicht recht!" Er benutzte die freie Hand, um nach einer der leckeren Früchte zu langen, aber die Alte zog die Schüssel weg: „Nein, mein Bester, heute nicht, morgen!"

„Na, denn nicht", sagte der Mann und ließ sein Schifflein weiter lustig dahinschießen.

Die Mutter trug das Gefäß hinaus und stellte es kühl. Auch sie nahm keine Beere davon, so sehr es ihr in den Fingern zuckte. Nein, diese Beeren gehörten nicht ihr!

Und niemand im Hause hat sie gegessen. – Lass dir das Geheimnis verraten!

Als die Dämmerung in das Tal gezogen, da verließ die alte Hanne das Haus. Sie hatte sich fest in ihr Tuch gewickelt, und am Arm trug sie den unentbehrlichen Handkorb. Sie ging bis ziemlich an das Ende des Ortes. Dort stand etwas abseits von der Straße ein kleines Haus, darin lag eine fieberkranke Frau. Es waren arme Leute, der Mann ebenfalls Weber, Vater einer großen Kinderschar. Die Mutter lag schon wochenlang krank. Des Hauses gedeihliche Zukunft stand auf ihren beiden Augen. Die alte Hanne sprach manchmal vor, und nie kam sie mit leeren Händen. Als sie diesen Abend das Haus verlassen hatte, da fanden die Leute neben dem Bette der kranken Mutter auf dem Stuhl die Schüssel mit Erdbeeren stehen.

„Dass sich die alte Hanne solche Ausgaben macht!“, meinte der Weber, denn er wusste nicht, dass Hanne die Beeren selbst gezogen. Am nächsten Morgen genoss die Kranke von der lebenden Frucht, und wundersam, es war der erste Tag merklicher Besserung!

Das Erdbeerbeet der alten Hanne aber trug noch manche Schüssel voll, und in diese konnte auch ihr Mann nach Herzenslust hineinlangen. Was aus der ersten Schüssel geworden, darnach frug er nicht. Er wusste, dass sein Weib so ihre eigenen Gedanken und Wege hatte.

Im nächsten Jahre hatte sich die Zahl der Beete verdoppelt, obwohl die Alte die meisten Ausläufer verschenkt hatte. Niemand aber baute so große, so duftende und so reichliche Beeren wie die alte Hanne. In allem ahmte man ihr nach. Denn was sie in ihrem kleinen, nicht sehr günstig gelegenen Gärtchen fertigbrachte, das mussten andere unter günstigeren Verhältnissen erst recht fertigbringen! Aber es gelang nicht! Denn die Leute kamen nicht hinter der alten Hanne Geheimnis: Die erste Schüssel, die sie erntete – und die Schüsseln wurden immer größer –, wanderte

jedes Jahr an das Bett eines armen Kranken! Und das kam daher, dass die Alte ihre Bibel nicht vergebens gelesen hatte. Denn da stehet geschrieben: „Ehre den Herrn von deinem Gut und von den Erstlingen alle deines Einkommens" (Sprüche 3,9).

Lieber Leser, der du ein Gärtlein dein eigen nennst, willst du es nicht einmal mit dem Erdbeerbau nach der Anweisung der alten Hanne versuchen?

Friedrich Hermann Löscher

Der Schwammegieher

Ich gieh in de Schwamme
früh, wenn der Tog graat.
   Hollerie, hollero, hollerie, hollero!
Wenn de Vögel schie singe,
gieh ich über der Haad.
   Hollerie, hollero, hollerie, hollero!

In Wald drinne bi ich
gerod wie derham.
   Hollerie, hollero, hollerie, hollero!
Ich kenn e jeds Flackel,
mich kennt jeder Baam.
   Hollerie, hollero, hollerie, hollero!

Of 'n erschten Blick saah ich's
en Fichtel schu a,
   hollerie, hollero, hollerie, hollero!
öb onter de Äst wu
e Pilzel stieh ka.
   Hollerie, hollero, hollerie, hollero!

Su laaf ich in Wald rüm
bargauf on bargo,
  hollerie, hollero, hollerie, hollero!
on such e su lang,
bis ich 's Sackel vull ho.
   Hollerie, hollero, hollerie, hollero!

Wie schie is in Winter,
hot mer Schwamme in Haus.
   Hollerie, hollero, hollerie, hollero!
Do macht mer ne Supp
oder Schwammebrüh draus.
   Hollerie, hollero, hollerie, hollero!

Ich bi e Schwammegieher
on bleib aah derbei.
  Hollerie, hollero, hollerie, hollero!
Ich gieh in de Schwamme,
sulang Schwamme sei.
  Hollerie, hollero, hollerie, hollero!

Anton Günther

Die Schwamme, die verkaafen mir

Bei uns ginne de Kinner wie aah de Grußen in Harbist gern in de Schwamme. Ober is will schu verstanden sei, doß mr kanne giftign Schwamme mit eisackt. Do traff iech doch emol e Matz Gunge, die mit Schwamme ausn Wald kame. Iech gucket bei dan an Gung nein Korb. Do hatt dar en Haufen Bitterpilzen mit drenne. Iech saat geleich: „Nu, du dummer Gung, die sei doch giftig. Wenn de die ißt, biste de morgn tut." Do lachet dar Klaane un saat lustig: „Mach när kaa Gemaar, die schoden uns nischt. Die assen mir doch nett, die verkaafen mir doch!"

Stephan Dietrich (Saafnlob)

's Ädöppelrausduh

Es gieht nu offn Härbest lus,
De Blötter wärn schu gäl,
Der Wind, där ieber Stoppeln blus,
Huhlt geden Dohg sei Däl.

Är wörbelt se fei garschtig rim
Un trebt dermiet sei Spiel,
Är wölzelt se bal rim, bal nim,
Es werd ne net ze viel.

Nu missen mer drauf sinne aa,
Doß mer d'Ädöppeln fei
Rausdunne, gestern saht de Fraa:
„Nu schafft se oder rei!"

„Ne Käller hoh iech raa gemacht,
Do fählt's fei nimmer dra,
Un heier, 's is a wahre Pracht,
Doß mer sei Fraad hohm ka!"

Ne Schiebock mach zerächt, de Söck,
De Kraathacken huhlt raus,
Un wenn ich morng im Fünfe weck,
Nohch häßt's fei: När fix raus!

Nohch gieht's halb sechse naus offs Fäld,
Wenn's aa noch duster is,
Denn, wie mer sohgt, de Zeit is Gäld,
Un dos is wohr gewiß!

Ihr Gunge mißt de Stöck aufzieh,
Er wißt's, wie vunne Gahr,
S Kreiterich is nimmeh grie,
dos baßt nu unnern Kar!

Denn dar möcht doch drvu aschiern
Ä Feier net ze klaa!
Bass auf, wuhie 's ne Raach duht fiern,
De wäßt, 's ist zankt de Fraa!

Denn waar in sölling Rach do fei
Sölln hacken ne ganzen Dohg,
Do mißt mer doch ä Knackworscht sei,
Mer hoht schie su sei Plohg!

De Mäd un iech un a der Gust,
Mir hacken allezamm,
Un wenn se schieten, wos fer Lust
Mer do miet enanner ham!

Ze Mittig gibts än Zippel Worscht,
Ka aa wing Butter sei,
Un Kaffee koch' mer uns fern Dorscht
An Kar sen Feier fei!

Nu, schloft mit Sorng, ich frei mich schu,
Wenn's morng rächt schieten duht!
Nohch kumm när Winner immerzu:
De Ädöppeln sei gut!

H. Montanus

Tante Ännes Erntejahr

So gut wie jedes Wochenende dampften wir auf der Nebenstrecke hinauf ins Osterzgebirge zu Tante Änne. Sie lebte im großelterlichen Haus ganz im Rhythmus des Jahres. Und in diesen nahm sie uns Kinder begeistert mit hinein.

Kaum zeigte sich das erste Grün auf den Wiesen, ging es die Hänge hinauf zum Sammeln der jungen Wildkräuter – Grundlage einer unvergleichlichen Frühlingssuppe, deren Geschmack ich noch heute auf Gaumen und Zunge spüre. Bald waren auch im Garten die ersten Kräuter so weit. „Immer nur die obersten Blätter abzupfen!“, mahnte Tante Änne. „Wir wollen den ganzen Sommer davon ernten!“

Aber noch war Frühling und mit ihm kam der Rhabarber. Tante Änne bereitete daraus „Tutti frutti“. Dabei handelte es sich mitnichten um „alle Früchte“, wie der Name nahelegt. Vielmehr kam Rhabarberkompott in eine Glasschüssel, darauf eine Schicht Zwieback, die mit Vanillepudding übergossen wurde. Gut gekühlt, als Hauptgericht oder Nachtisch genossen. Köstlich!

Im Juni drehte sich alles um die Erdbeeren, um die kleinen duftenden vom Gebüsch am Waldesrand, aber vor allem um die großen aromatischen aus dem eigenen Garten hinter dem Haus. Wir hatten sie eifrig gedüngt und legten ihnen, wenn sie sich zu röten begannen, sorgsam Holzwolle unter.

Und schon brach die Kirschenzeit an. Die ansehnlichen Bäume säumten unsere Straße. Noch ehe sie blühten, strömten die Bewohner des Städtchens zur Auktion herbei. Für wenige Mark konnte man einen Baum ersteigern. Ob er überhaupt etwas, ob er viel oder wenig trug, ging dann auf eigenes Risiko. Und pflücken musste man natürlich auch selbst! Was wir auf einer hohen Leiter direkt vorm Haus nicht ohne ängstliche Blicke nach unten taten.

Ende Juli probierten wir von Tag zu Tag ungeduldiger die Stachelbeeren, bis sie endlich mit ihrer säuerlichen Süße erntereif waren. Unvergesslich Tante Ännes Stachelbeerkuchen mit der Baiser-Haube aus Zucker und Eierschnee!

Und dann ab „in die Beeren“. Den großen Krug stellten wir an den Rand des steilen Himbeerhanges. Becher um Becher füllten wir hinein, die Beeren noch sonnenwarm. Maden wurden gleich abgelesen, trotzdem krabbelten noch immer welche herum, wenn wir den Krug zu Hause auf den Küchentisch leerten. „Madenfrei“ konnten wir Blau- und Preiselbeeren ernten, dazu ging es hinüber ins „Böhmische“, wo sie reichlich wuchsen. Später im Jahr kam das mühsame Pflücken der Brombeeren, die zu Recht Kratz- oder Kroatzbeeren heißen. Aber welche Sorte auch immer wir nach Hause brachten, abends gab es einen großen Suppenteller voll frischer Milch, in die wir die Beeren „knitschten.“

Und die duftend gereiften Aprikosen im Spalier an der Hauswand! Sie waren zweifellos einer der Höhepunkte des Erntejahres. Aber ebenso gern holten wir Busch-, Stangen- und Wachsbohnen aus dem Garten, die süßen Schotenerbsen, die gekrümmten Salatgurken, die gelblichen Schmorgurken und die Gürkchen für das Einlegen in Essig.

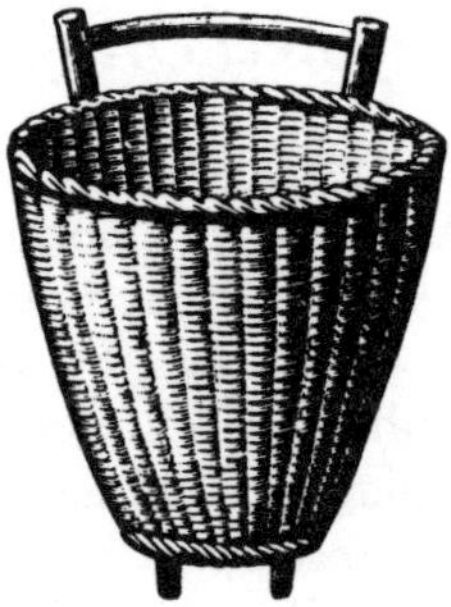

Tante Änne bereitete daraus die herrlichsten Gerichte. Der größte Teil aber wurde eingelegt, eingemacht und eingeweckt. Was natürlich auch auf die Pilze zutraf, die Onkel Otto mit uns in den Bergwäldern sammelte. Er kannte die ausgefallensten Sorten und wusste genau, was als „nicht essbar" oder gar „giftig" stehen gelassen werden musste. Sorgsam wurden die Pilze aus ihrem Geflecht gedreht. So mache es der erfahrene Pilzsammler, erläuterte Onkel Otto und verbot streng den Gebrauch von Messern.

Pilze wurden nicht nur sauer eingelegt, sondern vor allem getrocknet, die kleineren auf einem Holztablett, die größeren aufgereiht an einer Schnur. Ebenfalls getrocknet wurden Apfelringe und Birnenschnitten. Sie kamen nicht aus eigener Ernte. Tante Änne hatte ihre „Quellen", die ihr das lieferten, was sie selbst nicht hatte. Als Schneiderin „kaufte" sie auf dem Tauschweg ein: Obst und Gemüse gegen Näh- und Flickarbeit.

Tante Ännes Erntejahr schloss mit dem „Kartoffelausduh". Beim Bauern Rehn – von dem sie täglich die frisch gemolkene Milch bezog – hatte sie stets ein paar eigene Furchen mit ihrer Lieblingssorte gelegt. Das Austun war mühsam, schloss aber mit einem Fest. Kartoffelkraut wurde verbrannt; in der Glut wurden die neuen Kartoffeln gegart. Zumeist leicht angekohlt, schmeckten sie vor allem nach Rauch. Aber mir ist, als habe ich seither nie wieder so köstliche Kartoffeln gegessen.

E. H.

Onkel Ottos saure Pilze

So gut wie alles, was in unserer Gegend an Pilzen wuchs und von Onkel Ottos Pilzaugen entdeckt wurde, verwendete er zum Einlegen. Das waren vor allem Champignons, Steinpilze und Braunhedel (Maronen), aber auch die nur gekocht essbaren kahlen Kremplinge und der so geheimnisvoll klingende Hallimasch.

Onkel Otto putzte die Pilze sorgfältig, entfernte wurmige Stellen, zerschnitt die großen in Scheiben und ließ die kleinen ganz. Erst dann wusch er sie und kochte sie portionsweise in leicht gesalzenem Wasser. Er füllte sie in kleine Gläser, die zum Haushalt gehörten, und goss Gewürzessig darüber, den er gekocht hatte und erkalten ließ. Der Essig wurde nach drei bis fünf Tagen abgegossen, aufgekocht und nach dem Erkalten erneut über die Pilze gegossen. Die Gefäße wurden mit Öl, Talg oder Wachs abgedichtet. Tante Änne verschloss sie lieber und kochte die Pilze bei 100 °C eine halbe Stunde ein, das Verfahren erschien ihr sicherer.

E. H.

Den Himmel dort oben auf dem Regal
Hast Du als er sich über Nacht
in unser Zimmer stahl
Für den Winter eingemacht.
Denn der – so sagtest Du – kommt bestimmt.

Manfred Aurich

„Kinner, putzt de Schüsseln blank,
hult dos Backzeig aus'n Schrank“

Vom erzgebirgischen Weihnachtsstollen

Wie das Neunerlei Höhepunkt aller erzgebirgischen Festmahlzeiten ist, so der Christ- oder Weihnachtsstollen der aller Kaffeetafeln vom Dezember bis ins Frühjahr. Zu Advent gebacken, wurde er früher in der Regel am Heiligabend angeschnitten, je nach Familientradition vor oder nach der Bescherung, oder erst am ersten Weihnachtstag. Am besten – so meine Großmutter – schmecke er, bis dahin sorgfältig aufbewahrt, zur Osterzeit – eine Sitte, die sich in vielen Familien bis heute gehalten hat.

Frisch verzehrt, und zwar ofenwarm, wurde der in der klassischen Variante aus Stollenteig unter Zusatz von geriebenen, gekochten Kartoffeln zubereitete Kartoffelkuchen, den man mit Butter begießt und dick mit Zucker bestreut, bevor er gebacken wird. Er wurde bei uns zu Hause gegessen, ehe wir den Stollen zum Bäcker brachten, wo er zusammen mit den Stollen anderer Familien in den großen Ofen kam und mit dem Familien-Stollenzeichen markiert wurde, damit es keine Verwechslungen gab.

In unserer Familie gab es das Bestreben, in der Nachweihnachtszeit zwölf Mal in der Verwandt- und Bekanntschaft zum Stollenessen eingeladen zu werden, als gutes Vorzeichen für zwölf friedlich-freundschaftliche Monate. Früher unterschied sich der erzgebirgische vom Dresdner Stollen durch seine Form. Der klassische Dresdner Stollen wurde „umgeschlagen“ und bekam dadurch über die ganze Länge einen erhöhten Kamm. Im Erzgebirge ist die „gerissene“ Form mit einer Furche in der Mitte üblich. Wie Albert Prinz von Sachsen (*1934) berichtet, bevorzugte der sächsische Hof den Stollen erzgebirgischer Art. Soweit ich sehe, hat diese sich inzwischen in Dresden allgemein durchgesetzt.

E. H.

Backdrahsch

Kinner, puzt de Schüsseln blank,
hult dos Backzeig aus'n Schrank,
tut de Händ schie waschen,
sist derft ihr net naschen.

Stellt dos Maahl ben Ufen hi,
loßt dos Fett racht schie zergieh,
halft de Manneln knacken
un hernooch zerhacken.

Millich brengt vun unnrer Zieg
un vier Eier aus dr Stieg,
hult aah wos zen Treibn,
's derf kaa Klumpatsch bleibn.

Fix, Rosining noch miet nei,
gabbt wing Salz un Zucker rei,
tut när flessig rührn
un de Blach schie schmiern.

Brengt de Stolln nei's Ufenloch,
hult e Tippel Fett aah noch;
denn mir wolln vür'n Assen
is Eistreichn net vergassen.

Anneliese Schreier

Geschichten und Erlebnisse um den Weihnachtsstollen

Die Vorweihnachtszeit brachte früher, genauso wie heute, vor allem für uns Kinder eine ganze Menge an Aufregungen und interessanten Erlebnissen. Nicht nur einmal wurde gezählt, wie oft noch zu schlafen war, bis das ersehnte Weihnachtsfest endlich kam. Die Heimlichkeiten der Eltern und das Warten auf den ersten Schnee, auf dem richtig „geruschelt“ werden konnte, trugen bei zur Spannung jener Vorweihnachtswochen. Zu den aufregenden Ereignissen zählte aber ohne Zweifel auch die Weihnachtsbäckerei, die noch in den Fünfziger- und Sechzigerjahren mit einem beträchtlichen Anteil an häuslicher Arbeit verbunden war.

Irgendwann zwischen Kirmes und 3. Advent hatte die Mutter beim Bäcker einen Termin ausgemacht, an dem die familieneigenen Zutaten für den Stollen abgegeben und dem Bäckermeister zur weiteren, hoffentlich erfolgreichen, Bearbeitung anvertraut wurden.

Heute ist dies alles kein Problem mehr. Man bestellt beim Bäcker seiner Wahl, nimmt vielleicht gar Mitte Oktober am Eröffnungsstollenbacken der Backwaren GmbH teil, und man kann wählen unter den vielen Sorten jenes köstlichen Backwerkes, das 1329 in Naumburg erstmals erwähnt und 1506 in Plauen produziert worden sein soll, seit dem 18. Jahrhundert aber wohl mit Sicherheit das bekannteste Weihnachtsgebäck ist. Früher war das anders. Schon das Beschaffen von Mandeln, Rosinen, Zitronat, Butter und anderen Backfetten war in der Zeit von Lebensmittelkarten und saisonaler Schubversorgung nicht immer einfach. Außerdem hatten viele Familien ihre eigenen Rezepte, deren Einhaltung und backtechnische Umsetzung garantiert werden musste, denn der Stollen sollte sich von dem der Verwandtschaft, Bekanntschaft, kurz, der „Freindschaft“ unterscheiden. Am Tag vor dem Backen wurden unter aktiver Mitwirkung von uns Kindern die Zutaten vorbereitet. Mandeln wurden geschrappt und zerkleinert, gern wurde dabei genascht, zumindest so lange, bis man eine bittere Mandel erwischt hatte. Dann wurde alles, einschließlich der hauseigenen Markierungszeichen, zum Bäcker gebracht. Oft trafen sich dort einige Frauen mit ihren Kindern, es wurde erzählt und gelacht. Die Backstube mit ihren hohen Regalen, die vielfältigen Backformen und Geräte, der feurige Schlund und die wohlige Wärme der Bäckerei waren für mich ein schöner und interessanter Ort. Auch an den lustigen und freundlichen Bäcker meiner frühen Kinderjahre, der oft die Mandoline mit in der Backstube hatte und gern ein Ständchen sang, erinnere ich mich noch deutlich.

Nachdem das Backwerk vollendet war, konnte es wieder abgeholt werden. Schlitten und Kuchen- oder Stollenbretter wurden herbeigeschafft, die Stollenfuhre konnte beginnen. Für manche Familien, die weit außerhalb wohnten, war das recht beschwerlich, und mancher Landwirt schirrte den Pferdeschlitten ein, um die Stollen heimzuholen. Zunächst aber wurde der ofenfrische Christstollen begutachtet. War der Teig gut aufgegangen oder hatte ein zu hohes Quantum Fettigkeit trotz Warnung des Bäckermeisters einen „Flachmann“ entstehen lassen? Nun musste der Stollen aus der engen Backstube ohne Bruch hinausjongliert und sicher auf dem Schlitten verpackt werden. Dann ging es mit der Ladung heimwärts. Die Mutter musste oft das Tempo zügeln, denn ein Umkippen des Schlittens hätte unweigerlich zum Zerbrechen des Stollens geführt. Zu Hause wurde der Stollen dann, mehrfach in Pergamentpapier gehüllt, in der Kammer kühl gelagert. Welch verführerischer Duft zog durch den Raum und trotzdem, vor dem 1. Weihnachtsfeiertag blieb der Genuss versagt. Allerdings aus den Resten des Stollenteiges war ein ebenso schmackhafter Zuckerkuchen bereitet worden. Den durfte, nein, den musste man vorher probieren. Einmal wollte wohl die Hausfrau die Qualität ihrer Arbeit prüfen und außerdem wurde damit das vorzeitige Naschen des Stollens verhindert.

Am 1. Weihnachtsfeiertag, nach den Metten, wurde der Stollen angeschnitten, und in den Folgetagen begann das Stollenkosten im Kreise von Verwandten und Bekannten. Lustig ging es dabei zu, und wenn der Stollen zu schwer im Magen lag, konnten ein oder zwei Kräuterschnäpse sehr hilfreich sein. Natürlich war das nur den Erwachsenen vorbehalten. Für die Kinder war das Besichtigen und Ausprobieren der Weihnachtsgeschenke ebenso interessant.

Schade eigentlich, dass der Weihnachtsstollen heute schon im Oktober zu haben und für viele ein ganz normaler Kuchen geworden ist. Also, guten Appetit beim Genuss Ihres Weihnachtsstollens!

Karl-Heinz Vogel

KUCHEN
CKEREI
HAUSER
APOTHEK

Stollngeschichten

Bracht's emol acht Tog vür Weihnachtn ne Nastler Oskar de Dorfstroß nunner gedreht, Gackenkrogn huchgeschlogn, de Mütz verwagn in dr Sterr gezugn, de Händ in de Husentaschn vergrobn – er sooch direkt e wing gefahrlich aus. Dr Schuffenhauer Hartl, dar gerod de Stroß vür senn Haisl kehret, tat sich dan Kerl schie vu weiten betrachtn. „Glückauf, Os, bist de streßig?", bläket'r ne entgegn. „Ach", knarret dar hinner senn Rockaufschlog vür, „nischt wie Ärger hot mr, alles is verdreht of dare Walt. Wos gahrhunnertelang racht un gut war, is of aamol e alter Zopp, dar ogeschnieten gehäret. Dos gieht mir fei doch wing über dr Hutschnur. Itze mach ich erscht emol nüber in Gasthuf, muß mei Gemüt wieder in Gleichgewicht brenge." Dr Hartl, dar itze neigierig wur, stellet senn Basen in de Schupp un sat: „Wart när en Schlog, ich gieh aah of e Tippel Bier miet nüber!"

Kaum, doß die zwee Kerln in Gasthuf an Tisch soßen, fing dr Os wieder a ze granteln: „Stell dir emol vür, mei Erna, ball vierzig Gahr sei mir verheirat, vierzigmol is Weihnachtn wurn, vierzigmol hot se Stolln gebackn." „Epper dies Gahr net?", freget dr Hartl listig, wie dr Os ene Kunstpaus eilegn tat, üm en guten Schluck aus senn Glos durch dr Gorgel sausen ze lossen. „Inu, dos fahlet gerod noch", fuhr dar ne mit enn biesen Blick a, „oder ageschnieten hot se en – acht Tog vür Weihnachtn enn Stolln ageschnieten, un aah dra gefrassn! Vierzig Gahr werd bei uns dr Stolln an erschtn Feiertog ageschnieten – dos war esu dr Brauch bei meine Leit seit altersch har. Noort sat se aah noch, ich sollt mich net esu aufblosen, se hätt aah när es Ranftel gassen, sist hätt dr Stolln net nei dr Blachbüchs gepaßt. Ranftel is aah Stolln, ho ich gebläkt, un worüm da itze de Stolln in ener Blachbüchs aufgehubn würn …? Esu hot aa Wort es annere gabn. Wu sei dä mir hiegerotn of dare Walt – ober wart när o, in nächsten Gahr werd e Vürhängschloß gekaaft, dos kimmt an dr Stollnkist na. Esu e Frevel passiert mir net noch aamol.“ „Noort paß När gut auf, daß de aah de Schraubnzieher wagschließn tust“, gob ne dr Hartl gleich en guten Rot. „Naa“, maanet dar zefrieden, „dodrmiet hot’s bei mir drham kaa Nut – mei Fraa waß, wos sich gehärt, suwos kimmt bei dar net vür!“

Die zwee Kerln hobn noch e Zeitlang mitennanner gestrieten, hobn aah noch e paar Tippeln Bier waggeputzt, bevür se eitrachtig ne Hamwag ogetraten hobn. Wie ober dr Hartl drham in dr Küch neigucket, soß dorten sei Fraa an Küchentisch – vür sich enn Topp Kaffee un drnaben e Stückel Stolln. Er dacht, dos könnt net wahr sei. Gerod schnappet’r nooch Luft, um über senner Fraa e gehärigs Dunnerwatter luszelossen, do kam die ne zevür: „Ich waß schu, wos de sogn willst, oder itze bist de emol ganz still, da itze red ich emol: Ich trog kaa Gald nüber in Gasthuf, ich brauch aah kenn Tobak fer dr Pfeif, kenn Schnaps un kaa Bier – un wenn ich emol e Stückel Stolln außer dr Reih aß, noort is dos mei gutes Racht. Schließlich ho ich se allezamm gebacken. Un itze mach dei Gusch zu, mach dir meitwagn ene Pfeif a un setz dich of dr Ufenbank – un dodrmiet Schluß un basta!“ Dr Hartl hot dreimol schwar geschluckt. När gut, doß’r sei Gemüt schu vürhar in Gasthuf in dr Balangse gebracht hatt …

Bei uns drham brauchet kaa Stollnkist ogeschlossen ze warn. Hätt sich När aaner wogn solln, vür Weihnachtn emol of enn Stolln luszegieh! Wenn de Mutter gebacken hot, wurn die Stolln gedsmol in Pargamentpapier eigewickelt un in de Kist in dr Budnkammer gelegt. Dorten bliebn se aah bis zen erschten Feiertog. När aamol wollt ene Maus na. Drei Tog hot die an dr Kist rümgeknabbert – se is net durchgekomme. Vür lauter Hunger hot se noort an en Stückel Spack gefrassen, dos „zufällig“ nabn dr Kist log. Es Uglück hot’s gewollt, doß ene Mausfall drahing, die aah funktionieret. Ich konnt dos arme Viech gut verstieh, dä nergndwu in ganzn Stadtel gob’s en bessern Stolln wie dan vu unnerer Mutter!

Sat dr Votr emol bein Obndassn, wie gerod wieder de ganze Stub nooch frischen Stolln duften tat: „Ich glaab, wenn's nooch eich ging, würn de Stolln schu of dr Mariebarger Kermst ageschnietn!“ Gelanglich freget dodrauf unner Klaaner: „Wann is dä die?“ „Egal acht Tog vürn erschtn Schnee“, drwideret dr Votr un lachet übern ganzen Gesicht.

Doß mir fei wing fern Süßn sei, muß drwagn in dr Familie liegn. Dr Graf Max, dar aah ze unnere Leit gehäret, hot sich in seine gunge Gahr emol e Ding geleist', dos is bis in de heitign Tog aamolig gebliebn. Sat emol de Anna, was sei Fraa war, an enn Noochmittig zwischen de Feiertog: „Max, deck emol ne Kaffeetisch, brüh ne Kaffee auf und schneid ne Stolln a. Ich gieh geschwind noch emol nüber zen Marthel, die wollt mir gerod noch ene Neiigkaat drzähln. Ich bie geleich wieder retour.“ Wie de Anna nooch ener annerthalbn Stund in dr Stub nei kam, soß dr Max in Lahnstuhl un tat genüßlich in Wochenblatt lasen. Dr Tisch war gedeckt, dr Kaffee kalt un vun Stolln fahlet es ganze Obertaal mitn Zuckerguß. De Anna trauet ihm Aagn net, wie se die Beschering sooch. Nooch ener Weil krieget se wieder Luft un bläket ihrn Alten a: „Max, du Kerl du nischtnützigel, wos host de da mit dan Stolln agestellt?“ Dodrauf drwideret dar, de Ruh salberscht: „Genau wos du mir gesat hast, wie du vür fümfeneinzig Minuten fortgange bist: Ich ho ne Kaffeetisch gedeckt, ne Kaffee aufgebrüht un ne Stolln ageschnieten – vu welcher Seit hast de net gesat, do ho ich abn emol vu ubn agefange. Un noort ho ich gassen, sulang wie dr Kaffee haaß war.“ Zeerscht wollt de Anna afange ze zahneln, üm oder kenn Streit aufkomme ze lossen, zischet se när wing karbitzig: „Dos machst de mir net noch aamol. War soll da itze dan Buden assn?“ „Nu, immer dar, dar zuletzt kimmt“, drwideret dr Max.

Stollngeschichten, ihr Leit, die starbn fei aah langsam aus. Oder gebackn werd noch bei unnere Leit ubn im Arzgebirg wie eh un je. Un weil ich e paar gute Freind dorten ho, brauchet ich mich all die Gahr net um de Weihnachtsstolln ze sorgn, mußt aah noch net epper mit enn Stückl Bienestich ofn Taller vürlieb namme. Drüm sog ich eich tausndmol Dank fer eire Müh un Aahanglichkaat – dr liebe

Gott gab eich fei e racht langes Labn. Un kimmt wieder Weihnachten ra, noort spann ich schu of ne Postbut. Die Stollnpackeln drkenn ich allemol an Format. Noort läfft mir geleich es Wasser in dr Gusch zamm – un unnere Katz sorgt aah drfür, doß kaane Mais nakomme. När of dan „Ugeziefer of zwaa Baa" muß ich wing Obacht gabn, doß do kaaner vür Weihnachten sich mit en grußn Masser naschleicht!

Ich frei mich fei schu wieder ofn erschtn Feiertog, wenn's wieder haaßt: „Feste rogeschnietn un in Kaffee neigetitscht!" – esu schmeckt unner Stolln an allerbesten.

Rudolf Herzog

Lieber frommer heiliger Christ,
Ich weiß nicht, wo mein Messer ist,
Will mer e Stückchen Stolln abschneiden,
Sonst da muss ich Hunger leiden.

Überliefert, um 1898

Ein genussvolles Ritual

Das Backen der Christstollen war ein genussvolles Ritual. Alles, was in dieses wertvolle Weihnachtsgebäck hineinkam, sparte man schon lange vorher zusammen.

Einige Wochen vor dem Fest fanden sich die Frauen gruppenweise, nach einem festgelegten Plan, mit ihren Schüsseln und Töpfen, in denen sich die kostbaren Zutaten befanden, in der mollig warmen Backstube eines Bäckermeisters ein. Der mixte und knetete mit seinen Gesellen, was das Zeug hielt. Jede Hausfrau entleerte ihre Gefäße persönlich in die für sie vorbereitete Teigmenge. Um Verwechslungen vorzubeugen, versah man alle Stollen mit besonders gekennzeichneten Holzstäbchen.

Je nach Familiengröße ließen die Frauen sechs- bis zwölf eineinhalb Kilogramm schwere Stollen backen, die oft bis Ostern vorhielten, manchmal noch länger.

Die Herstellung dieses köstlichen Gebäcks galt als kniffliges Kunststück.

Rolf Seiffert

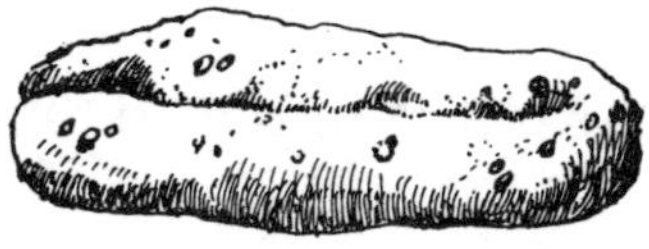

Vom königlichen Kindlein

Da liegt es, das Stollenwickelkind, von Butter betaut, mit Zucker bestreut, weiß wie frisch gefallener Schnee, schwer von Zitronat, Rosinen und Mandeln, und jedermann wird zugeben: Es scheint ein recht lebenskräftiges Kindlein zu sein! Mehr denn fünfhundert Jahre wurde sein Stammbaum zurückverfolgt und er führte durch alle Wechselfälle des irdischen Daseins. Dieses fest gewickelte Kindlein überstand Kriege und feindliche Einfälle, Weltenwenden im Geiste, Hungersnot und verheerende Seuchen. Es erschien mager in bösen Jahren, gewichtig und fett in guten Zeitläufen. Es nistete sich ein im treuen Handwerkssinn unserer Bäcker wie in den sorgenden Herzen unserer Hausfrauen. Es wurde eins mit Land und Leuten und alter, ehrwürdiger Bürgersitte, es fing den Zauber der weihnachtlichen Geschichte ein und liegt da als ein holdes Versprechen für den Fortbestand alles Lebens. Ist es da vermessen, ist es nicht vielmehr recht und gut, dem Stollen eine starke, freudige Zukunft zu prophezeien, die weiter hineinführt in kommende Jahrhunderte?

Wie rasch auch unser Sinn bisweilen zu wechseln scheint, wie Wünschen und Trachten des menschlichen Herzens oft ungebärdig aufschäumt oder mutlos zurückebbt: Es ist das nur das bunte, hastende Spiel der Oberfläche. In der Tiefe bleibt alles gar schlicht, still und einfältig, kreisend um die gleichen ewigen Dinge, die da heißen: Eltern und Kinder, Haus und Hof, Leben und Tod, Auferstehung und Christi Geburt. Und aus diesen stillen, reinen Gefilden der Seele ersteht auch alljährlich das weiße, süße Kind und kommt zu uns als der Christstollen, unser Liebling jetzt und allezeit.

Lenelies Pause

Stollen und Kartoffelkuchen

Man nehme 2,5 kg Mehl, 500 g Butterschmalz oder Schmer, 200 g Zucker, Rosinen, süße und bittere Mandeln, 250 g Zitronat, $^1/_2$ Liter Milch und 100 g Hefe.

Mit $^1/_8$ Liter Milch setzt man das Hefestöckchen an. Während es geht, knetet man alle Zutaten zu einem Teig, setzt das Hefestückchen zu und formt schließlich daraus den Stollen. Man lässt das Ganze nochmals gehen und bäckt es dann eine Stunde lang bei gleichmäßiger Hitze im Ofen aus.

In manchen Gegenden wurde ein Teil des Stollens mit Kartoffeln „verlängert“ und daraus der sogenannte „Ardäppelkuchen“ gebacken, aber auch als selbstständiges Backwerk war dieser sehr beliebt:

Man nimmt 50 g Hefe und lässt diese in 3 Esslöffeln lauwarmem Wasser gehen, rührt 250 g feines Mehl an und lässt das Hefestück an einem warmen Ort aufgehen. Danach mengt man einen Teller voll gekochter geriebener Kartoffeln, 3 Eier, 125 g Butter, 2 Esslöffel Zucker und etwas Salz unter.

Nun knetet man den Teig tüchtig und rollt ihn auf einem erwärmten Blech fingerdick aus. Man stippt ihn mit einer Gabel, gießt zerlassene Butter drüber, streut Zucker und Zimt darauf und besprengt ihn nochmals mit zerlassener Butter. Bei gleichmäßiger Hitze lässt man den Kuchen etwa 30 Minuten schön braun werden. Am besten schmeckt der Kartoffelkuchen, wenn er ganz frisch ist.

E. H.

Dor erschte Stolln is schie parad,
e gruße Kann Kaffee derzu.
Dos is es Genuss, dos is e Staat!

Esther Melzer

„Ich bi zefrieden un vergnügt
ben Töppele Kaffee!“

Vom Kaffeetrinken und von guten Dingen für Nasch- und Sießgusch'n

Wo das Leben entbehrungsreich ist, bedarf es aufmunternder Getränke, aber auch zuckerhaltiger Speisen und Backwaren, um mit einiger Zufriedenheit über die Runden zu kommen. Der Kaffeegenuss breitete sich von der Mitte des 17. Jahrhunderts an allmählich in Europa aus; die seit 1770 in großem Maße zur Verfügung stehenden Surrogate förderten die Verbreitung maßgeblich. Der Kaffee, zunächst Festgetränk, wurde so zum Alltagsgetränk. Im Erzgebirge spiegelt sich das in vielen Liedern und Erzählungen, in denen das „Töppele Kaffee" (auch Schale, Schalle oder Schälchen) eine Rolle spielt.

In engem Zusammenhang mit der Ausbreitung des Kaffees steht auch der Genuss von süßem Gebäck und Süßigkeiten. Hohe Zeiten für Süßigkeiten waren Ostern, die Kirmes, die Jahrmärkte und die Advents- und Weihnachtswochen.

Süße Speisen wie z. B. Hefeklöße mit Schwarzbeeren oder Beerenknitsch gab es aber mindestens einmal in der Woche als Hauptgericht. Auch darf nicht vergessen werden, dass das alte Erzgebirge, genau wie die dafür viel bekanntere Oberlausitz, eine Pfefferkuchenlandschaft war, in der Pfefferkuchen gebacken und Modeln hergestellt wurden, es spezielle Fabriken für Backformen gab und Pfefferkuchenfrauen mit ihrem Tragekorb von Haus zu Haus zogen.

Wie jede gute Mahlzeit schließt das Buch mit dem Kapitel über das Kaffeetrinken und die guten Dinge für Naschund Sießgusch'n, bevor zum Schluss in einer köstlichen Erzählung von Friedrich Hermann Löscher (1866–1944) ein erzgebirgischer Kantor die ganze Speisekarte hinauf und hinunter singen darf.

E. H.

E Töppele Kaffee

De Walt werd itze ganz verdreht, es is gar nimmer schie, ne
Mensch sei bissel Si und Muß zielt när of Olbrig hi.
Ich pfeif of all dan Tu un Treibn, dos bringt när Ach und
Weh.
Ich bi zefrieden un vergnügt ben Töppele Kaffee.
Do tut mer aah nischt weh, ben Töppele Kaffee.

Paar gute Bunne, e bissel süß, wing gute Milich dra,
su wie sich's fer enn Mensch gehört; net ebber fette Flah,
ze daar mer sogt „Polakenbrüh" un „Lutsch" un aah noch
meh.
Nu naa, ich maan e richtigs guts, warms Töppele Kaffee.
Nort tut mer aah nischt weh! E Töppele Kaffee.

Der aane trinkt es Bier su gern, der annre lieber Wei.
Ober wenn se noochert älter waarn, do kriegn se Schererei.
Do faahlt's an Oten un es kimmt es Reißen, ach, ujeh.
Do hilft kaa Dokter, höchstens noch e Töppele Kaffee.
Nort tut aah nischt meh weh ben Töppele Kaffee.

Sitz ich an Sunntig Noochmittog of meiner Ufenbank
un laas e bissel Politik, do werd mehr angstebang.
Do kramt mei Fraa an Ufen rüm, Geruch steigt in der Höh,
die gute Haut kocht mir gewieß e Töppele Kaffee.
Nort tut mehr aah nischt weh ben Töppele Kaffee.

Wenn ich mich su zerück versetz un denk an gene Gahr,
wie uns der Brotkorb höcher hing un nischt ze trinken war –
es gob när Rübn un Dörrgemüs – mei Bauch schreit noch
auweh!
Un's beste of der Walt gob's net, e Töppele Kaffee.
Drüm tat uns alles weh. Kaa Töppele Kaffee!

An Biertisch un ben Brantewei, do waarn de Mailer gruß.
Se reden überol dreinei, nort gieht der Teifel lus.
Zeletzt kimmt's noch zer Raaferei, nort sei se of der Höh.

Do lach ich mir ne Buckel voll ben Töppele Kaffee.
Denn mir tut halt nischt weh ben Töppele Kaffee.

Hans Soph

E Schalle Kaffee

Es gieht nischt über e Schalle Kaffee! Wenn mer esu kalt un derfrurn von draußen reikimmt, un de Fraa kimmt en geleich mit'n Tippel entgeeng, un mer braucht när in der Ufenröhr ze lange un de Kaffeekann rauszelange – ja, dann weß mer erscht richtig, daß mer wieder drham is! Freilich, Kaffee – do möcht mer sich schie e wing hinner de Ohrn grabeln – Kaffee is e mannichs Mol ze viel gesaat! Sicher is: In en richting Kaffee gehört aa Worzel nei oder „Zichorie", wie de vürnahme Leut soong. Oder e mannichs Mol hobn de Leut de Kaffeetüt mit'n Packel Worzel verwachselt, do is mehr Worzel drinne wie Kaffee. Mei Mutter, Gott ho se salig, kochet fei en guten Kaffee, un mir huletn aa immer geleich en größern Quantum aus'n Loden, daß mer net egal die Laaferei hatten. Jedesmol wur e Halbvertel gekaaft! Ich gelaab, dodermiet langetn mir de ganze Woch. An liebsten huletn mir oder e Packel Worzel. Do war nämlich immer e Geschenk drbei. Es gob Packeln, do war in der Mitten e Bleisoldat drinne. Do hätt mer nu bei unnern Worzelverbrauch lecht e ganze Kompanie zammbränge könne. Es war oder leider jedesmol ener vu ener annern Trupp. Emol e Husar, emol e Gager, emol e Grenadier, ja sugar emol e Franzus. Seit darer Zeit weß ich zewingst, wos „irregeläre Truppen" sei.

Üm de mesten Packeln war oder e Worzelbild gewickelt. Dos warn fei schiene Bilder vu alln Sorten. Ich weß net, ob se en grußen Kunstwart hatten, oder glänzen taten se wie alackiert. In der Hauptsach wur mit dan Bildern e gewiß klä Örtel austapeziert, vu dan mer engtlich unner aständing Menschen net reden darf. Bei en manning war do e richtige Bildergalerie draus gewurn.

An Kaffeemohln log uns Gunge net viel, weil mer allmol Ausgezankts kriegetn, wenn emol e Buhn aus der Mühl raushuppet. Dä die Buhne warn genau ogezehlt, un de Mutter wußt ganz genau, wieviel in dan Kastel sei mußt, wenn se gemohln warn. Mir hatten dozemol kenn setten neumodschen Trichter. Wenn's Wasser kochet, wur der Kaffee un de Worzel neigeta. Dos Wasser mußt noch emol aufkochn, un dann ließ mer ne „ziehe". Wenn de Mutter nu dacht, die Brüh wär braun genung, wur'r ogegossen. Der Kaffeesatz hatt sich of'n Buden gesetzt, un ubn drauf war der fertige Kaffee. Manniche Leut benutzetn aa en Kaffeesook; ich weß net, oder mir sohgn die Dinger immer esu uappetitlich aus, wenn se zon Trockne über'n Ufen hinge. Ich ho emol gelasen, der Kaffee müßt sei schwarz wie de Nacht, haaß wie de Höll und süß wie de Lieb. Esu war unner Kaffee net. Mir kriegetn racht viel Millich nei, geleich in der Kann, daß'r uns nischt schoden konnt. Oder dar Kaffee schmecket esu gut, weil mir setts guts Wasser derzu nahme taten. Wie häßt geleich dos Sprüchel? „Es Arzgebergswasser, dos is klar und gut, dos blebt aa dorchsichtig, wenn mer Kaffee neitut." Ich gelaab, de Hauptsach bei dan Getränk war, daß warm war un – üm de Hauptsach net ze vergassen – daß mer sei Brudel oder sei Bemm neitunken konnt. Saat wos'r wollt, oder in geheime machen dos de feinsten Leut aa heut noch garn. Es häßt, dos tät sich net gehörn, oder wie oft ho ich schie gesah, wenn se ergndwu Kaffee trinken, daß'n orndlich in de Händ zuckt, ihre Sammel neizetitschen!

Do ho ich immer gar zu gern bei men Pothvetter Albin aufgepaßt. Wenn der an halbn Ohmd vu der Arbet in der Stub neikam, do kriegt'r zeerscht sei Kaffeetippel hiegesetzt. Dos war oder engtlich e zwämännisches; ich gelaab, es ginge vier orndliche Tassen nei. Es war ubn quar rüber aa e Art Brück, dodrauf kam sei Schnauzbart ze lieng, wenn er emol trinken wollt. Suviel ich gesah ho, tat'r oder allemol an ener annern Stell trinken, ich gelaab, dorten lief mehr Kaffee raus. Nabn dan Kaffeetippel stand e Nappel mit klarn Zucker, un aa 's Brut log miet of n Tiesch. Mei Pothvetter nahm nu ganz langsam sei Schnappmasser aus dar Husentasch un schnitt sich von dan Brut lauter Schafle nei in Kaffee. Wenn nu nischt mehr neiging, do spießet'r äs noochn annern a, tunket's nei in Zuckernapp, dann wur dos Schafel dortenhie gebracht, wuhie's bestimmt war. Dos sohg sich esu schie zu, daß mer salber mit Appetit krieget. Wie oft hobn mer do de Mutter gebattelt: „Mach uns e wing Schafle nei in Kaffee!" De alte Stopp-Fritze machet's noch annersch. Die saat, se wollt sich en „Packs" machen. Se stoppet un drücket esu viele Schafle in dos Tippel nei, daß mit'n besten Willn nischt mehr neiging. Dann drehet se dos ganze Ding üm über ener Untertass. Do stand nu e setts Häufel dorten wie e Hefenkrappel. Se streuet nu Zucker drauf un tat's mit'n Löffel assen. Se saat, se machet dos esu, weil se net mehr gut beißen könnt.

Dar Kaffeesatz wur aa net geleich waggeschmissen, nä – dar wur noch emol aufgegossen. Nu stand'r ne ganzen Tog in der Ufenröhr. Es passieret aa, er kochet noch emol auf. Do saatn oder de Leut, mit'n Kaffee, dos wär wie mit'n Sauerkraut, dos wür aa immer besser, je öfter mer'sch kochen tät. Je älter dar Kaffee wur, desto stärker schmeckt'r, un do mußt abn immer mehr Millich nei. Dos äne stieht fest: Narvies sei mir von unnern Kaffee net wurn!

Ben Ufen an der Wand hinge de ganzen Kaffeetippeln. An en jeden stand e Name dra. An Voter sen stand „Dem Hausherrn". Aa e Sprüchle gob's drauf: „Froh erwache jeden Morgen." „Der Kaffee ist der feinste Trank, macht dich gesund, wenn du bist krank." „Du sollst beim Trinken und beim Essen den lieben Herrgott nicht vergessen." „Keinen Tropfen trinkt das Huhn, ohne einen Blick zum Himmel aufzutun!"

De schännsten Tippeln oder standen in Gelosschrank. Dorten standen aa richtige Kaffeetassen. Die wurn oder heiliggehalten, es hieß, se wärn aus Meißen. Se wurn zemerscht bluß rausgenomme, wenn e Kindtaaf war oder wenn e setts klaans Kind begrobn wur. Do krieget der Paster un der Kanter un aa de annern Leut sette Tassen virgesetzt. Zeletzt war mei Mutter in en setten Kaffeekranzel. Do kame nu esu aller sechs Wochen ihre Kranzelschwastern zon Kaffee. Dos war für uns Gunge e Fasttog. Mer dorften bluß neikomme, mußten vir jeder Fraa en Diener machen, un dann kriegetn mer e Stückel Kuchen oder en Zwieback in der Hand gedrückt un konnten uns wieder verziehe. Mer hobn mannichsmol in der Stub dernabn gehorcht. Hui, dos ging ze Foden! Es taten immer alle sechse of amol reden, un ene wollt über der annern wag. Emol sei mer vir lauter Angst zon Voter geloffen un hobn gesaat: „Voter, komm ner emol rei, es scheint, die Weibsen zanken siech!“ Oder der Voter lachet: „Loßt se när, die warn aa wieder gut!“

Wenn se oder üm siebn fort warn, do sterzeten mer nei in der Stub, mer wollten doch sahe, was von dan Barg Kuchen übriggeblieben war! Do wur nu Nochlas gehalten; un aa e Schalle setten starken Kaffee kriegetn mer noch. Ja, das war kaa Wunner, daß die Weibsen e wing aufgeregt wurn! Un mir hobn zor Mutter gesaat: „Gab'n när kenn setten starken Kaffee meh, daß'n se net wieder esu schreie!“

Max Wenzel

Praktische Kaffeesäck

Praktisch war de krumme Hanne, dos mußt mer 'r lossen, praktisch ganz un gar – freilich nooch ihrer Art. Die dacht ganz richtig: ze wos dä epper erscht bein Assen de Gabeln eisaue, wenns de fünf Finger aah verrichten könne? ... un ze wos dä erscht ne Tisch abwischen, wu doch suwiesu geleih wieder drauf gebröselt werd un de Supp vun Löffel rotroppt?!

Un wenn se kee klarsch Holz hinne hatt zun Feiermachen, se wußt sich ze halfen, do broch se de halm Querlstiel ob un verfeiert se oder wos se sist derwischet. Off die Weis' war aah ne Voter sei Spazierstock wagkumme. Emol wieder hot se ne klenn Robert sei dreibeeigs Holzpfaarl in Ufen gesteckt. Dos arme Gungel hots gesucht dernooch in allen Ecken un hot geheilt, als hätt 'rsch Loch ausgelaadert kriegt.

's beste Beispiel ober fir ihre praktische Art un ihre Erfindungsgab sei ihre Kaffeesäck.

Emol kimmt de Meyern aus Hermerschdorf zu 'r.

„Inu du Christes Geeses", spricht de Hanne, „bist de's dä oder bist de's net?"

– „Nu waar dä?!"

„Nu du!"

– „Eiju, daar bi iech schu."

„Do möcht mer doch geleih ne Ufen eischmeißen! Wie lank bist de dä net bei mir gewaasen? Kah mich doch gar net drauf besinne. Setz dich enn halm Tog nieder, iech waar geleih e schalle Kaffee warm machen."

–„Mach när keene Umständ erscht meitwaang."

Ober derbei tut se ganz verschmacht.

„Sei keene Ümständ", sogt de Hanne un giht naus un trögt ihren grußen Maadel auf, doß die e Kannel Kaffee machen soll, ober e paar Bonne mehr namme.

Wie dr Kaffee do is un de Meyern ihr Harz drah derquicken will, macht se off eemol ene Flunsch, als wär 'r gaahling wos derquaar kumme, un begükelt ihrn eigeschenkten Kaffee auffällig wie enn falschen Fümfer.

De Meyern sterbt emol net an Harzdrücken, ija die net, dohier muß se Gewißheet hoom.

„Ich dächt, mit dan Kaffee hot's wos, guk när emol! Daar sieht su mischant rut aus, un viel Satz is aah miet neikumme, galle?!"

„O Christes Geeses", schreit de Hanne, „wos werd's dä sei! Hot gewieß mei Gustel, dos Saulaader, de ruten Strümp hinnern Ufen genumme, die noch net emol gestoppt warn ... un iech ho 'r 'sch doch su deitlich ins Maul geschmiert, se söll die namme, die an dr Rähr hänge! Wemmer aam net alles salberscht macht!"

E gemietlicher Klatsch is ober dan Tog net wurn. De Meyern is bal wieder gange. Aah wie de Hanne saht, se will salberscht ene Tass' frischen kochen, hot se sich net halten lossen.

Emil Müller

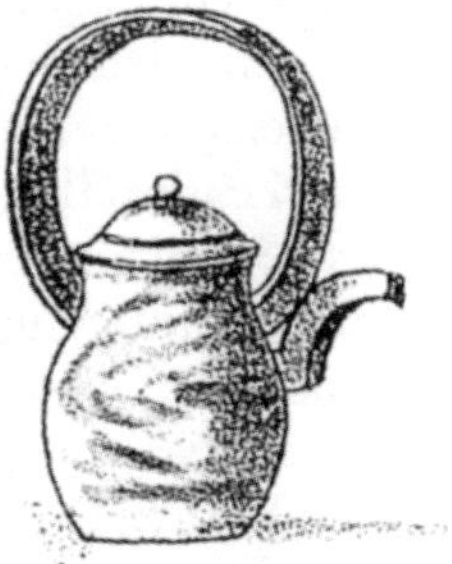

Kaffeewasser huln

„Kar, hul emol Wasser rei. Läßt's oder eilaafen. Ich will Kaffee kochen un do kaa ich kaa Drackwasser derzu namme!"

Wie dr Karlieb dos Wasser brengt, sogt'r: „Mutter! Dos eigeloffene is ubnauf un unten drinne is dos eigeschöppte!"

Manfred Blechschmidt

Naschguschn

Als Gunge warn mr rachte Naschguschn un egal gelanglich nooch alle Artn vun Zuckerzeich un Schokelad'. Sugar bis heit bie iech's noch! Subal aaner vun uns Bubn aus dr Nachborschaft enn Neigrosch hatt, wur'r Zuckerzeich ümgesetzt.

Benn Schiereckl-Louis, richtig hot'r Baumann gehaaßn, standn etliche gruße Blachbüchsn. Un in geder war ne annere Sort vun Zuckerstaanle. Forn Neigrosch gob 's dozemol bal su viel wie heitzetog for zwee Mark. In dan annern Lodn stand of dr Tafel ne ganze Batterie vun Geläsern mit de verschiedenste Artn vun Zuckerstaanln. We'mr do for unnere Mutter wos eikaafn mußtn, machetn die uns immer ofs neie Appetit.

E Zeitlang warn Stachkastn de gruße Mode. Dos war e klaaner, viereckiger Karton mit ner dünne Papp ubn drauf, of daar viele bunte Punkt' gedruckt warn, die enn bestimmtn Abstand vun enanner hattn. For'n Neigrosch kunntn mr mit ner Art Haaklnodl in enn Punkt neistachn, daar noch ubenutzt war. Subal mr gestochn hatt, kam untn bei dan Karton ne klaane, bunte Kugl raus. Je nooch Farb krieget mr dann Sahnemalzer, Nappo, ne Zuckerstang oder, we' mr Gelück hatt, sugar ne Tafl Schokelad'. Dr Clou war ober e Karton Pralinee. Geds war immer wieder gespannt, wos for e Kugl gestochn wur. Natürlich hoffet mr stets of de Pralinee oder zewingst ne Tafl Schokelad'.

Nu könnt 'r eich aah denkn, worüm mir Gunge su scharf drauf warn, möglichst oft enn Neigrosch ze drgattern.

Wenn Kinner ewos hobn wolln, sei se mannichsmol racht schlacht. Un do machetn aah mir kaa Ausnohm:

In unnern Dorf wuhnet e älterer Ma, daar e bißl komisch war. Mir Kinner wußtn när, doß'r net ganz normal sei kunnt. Er hatt dan Spitzname „Huß“ kriegt – worüm, waß iech aah net – un kunnt's net leidn, wenn'r su geruft wur. Bei schinn Watter machet'r öftersch enn Spaziergang durchs Dorf. Subal'r nu in unnerer Stroß auftauchet, finge mr ah ze bläkn: „Dr Huß kimmt! Guckt eich dan Huß ah! Huß, Huß, Huß!"

Zeerscht tat 'r, als eb 'r nischt häret. Weil mr ober mit dan Bläkn net aufhäretn, fing'r ah, uns auszezankn. Doch dodrmiet hatt'r bei uns erscht racht kaa Gelück. Mir schriern alsu wetter. Noort kam dos, wos mr wolltn. Er sat ze uns: „Wenn ihr aufhärt, ‚Huß' ze schreie, gaab iech eich aah Gald!" Sofort hieltn mr de Guschn, strecketn de Händ hie, kriegetn vun ne e paar Neigroschn un hattn wieder Pfeng for Zuckerzeig.

Mei Bruder Henry war nei Gahr älter wie iech. Er hatt schu Gald verdient, wu iech erscht ahfing, de Schulbank ze druckn. Bei gedr Gelaagnhaat ho iech gebattlt: „Henry, gaab mr 'n Fünfer!" Enn Neigrosch ze verlange, ho iech mr net getraut. Wahrscheinlich ho iech ne ziemlich oft ahgebattlt; denn meine Spielkameradn verpassetn mr doraufhie ne Spitzname „Schwarzer Fünfer".

Werner Fuchs

Tränen über einen Osterhasen

Da liegt der Bote der Göttin Ostara vor mir, den ich jedes Jahr wieder hervorhole – ein jämmerlich ramponierter Osterhase.

In seinem langen Leben, in dem ihm übel mitgespielt wurde, verlor er ein Ohr und eine Pfote aus Papiermaschee, und seine bräunlich bepuderte Haut ist fleckig wie bei einem Masernkranken. Aber vielleicht ist gerade das der Grund, weshalb er so lange am Leben blieb. Er ist nämlich mit Tränen betaut, mit meinen eigenen, heißen Tränen, die das Ende einer Liebe bedeuteten oder wenigstens deren Zurückschrauben auf das passende Maß – was beinahe noch weher tut. Kann man sich von solcher Erinnerung trennen?

Was ist das passende Maß für ein törichtes, vierzehnjähriges Herz? Wie soll es seine Empfindungen meistern, wenn der junge Doktor am Bett des scharlachkranken Kindes steht, eine hohe, schlanke Gestalt, ein freundliches Gesicht mit dem Schmiss quer über der Wange, in einer ermunternd forschen oder auch ernsthaft besorgten Art? Was konnte wiederum der junge Assistenzarzt, der den alten Hausarzt vertrat, von jenem Durcheinander von Fieberträumen und halb wachem, entzücktem Schauen ahnen?

Es war mir doch, als ob er höchstpersönlich die Schmerzen im Halse linderte, er allein war der Zauberer, der mich den wohligen Genesungsstunden entgegenführte, der gute Bissen und Leckereien nicht nur duldete, sondern geradezu gebot. Der meine kleine, magere Hand in der seinen hielt und mir voll zärtlicher Besorgnis ins Auge sah.

Fragt denn die Liebe, wohin sie sich wenden darf? Und kann mir jemand ernstlich bestreiten, dass ich mit Fug und Recht liebte? War er doch ein ausgezeichneter junger Mann, der in edelster Menschenliebe erstrahlte.

Nur eins hatte ich ganz vergessen: Wer ich selbst eigentlich war. Vor Tagen noch ein Kind, das in kurzem Kleide zur Schule ging, sich mit den kleinen Brüdern raufte, mit Gassenbuben tollte, auf Dächer und Bäume kletterte. Aber diese Zeit lag weit zurück! Als ich aufstand, war ich so lang aufgeschossen, dass kein Kleid mir passen wollte. Aus dem Kinde war ein Jungfräulein geworden. Die Zöpfe hatte die Krankheit mir fortgenommen, sodass ein seidenes Tuch um den Kopf geschlungen werden musste. Eine jugendliche Tante lieh das Kleid, das in langen Falten um die Knie schlotterte. Der junge Doktor blieb denn auch bei seinem nächsten Besuch betroffen an der Schwelle stehen und stotterte: „Aber das ist ja eine junge Dame!" ...

Rasch fand ich mich in meine neue Rolle und reichte ihm die Hand mit einer großartigen, den Handkuss heischenden Geste. Den ich auch erhielt – mit scherzhafter Ritterlichkeit gegeben, mit süßer Beklemmung entgegengenommen. In dieser Zeit dachte ich mir einen Roman aus, so schön wie keinen nachher, betitelt: „Liebe am Krankenbett."

Ein Doktor, der ein armes, kleines Ding gepflegt, erkennt plötzlich, welch zärtliches Herz in der dürftigen Hülle all die Zeit hindurch für ihn geschlagen. Natürlich war es nötig – so weit war ich denn doch Erzählerin –, ein paar Widerstände hineinzuflechten. Stirnrunzelnde Eltern, einen verzichtend seufzenden früheren Anbeter. So etwa sah ich meinen Fall. Und unter solchen Gedanken kam das Osterfest heran.

Was mir noch immer entschwunden war, das waren meine vierzehn Jahre. Die Schule, die in nächster Nähe winkte, das kindliche Mädchenleben mit Spielzeug und harmlosem Tummeln mit Gefährten und Geschwistern. Sehr feierlich war ich in meiner Krankheit geworden, meine Seele lag beständig in einem edlen Faltenwurf, und am liebsten war ich allein in völliger Abgeschiedenheit.

Ostern fiel in diesem Jahre sehr spät, die Schneeglöckchen waren längst abgeblüht, Veilchen waren in seliger Verschwendung über die Wiese geschüttet, Bienen umsummten die Kätzchen und die Bäume waren zartgrün überhaucht.

In der Küche wurden bunte Eier gekocht und aus Weidenruten runde Nester geflochten. Ich freute mich auf die Hühnereier und auf ihre leckeren Stammverwandten, die mit fetter Schokolade ausgegossen waren, auf solche aus buntem Gelee und andere aus weißem Zucker. Ja, und dann natürlich auf meine Verlobung. Denn an diesem frohen Ereignis zweifelte ich keinen Augenblick und ging verträumt umher, immer noch im wallenden Tantenkleide. Von dem kindlichen Kittel, der für mich bereitlag, mochte ich nichts wissen.

Mit zärtlicher Vorfreude schmückte ich den Ostertisch. Kurz vor 12 Uhr kam der Doktor, lachend erklärte er im Flur, dass er nach seiner lieben Patientin schauen wolle. Dann stand er vor mir, ein großes, in Seidenpapier gewickeltes Paket im Arm:

War es ein Strauß duftender Veilchen? Oder betäubend süßer Maiglöckchen? Oder wiesenfrischer, inniger Himmelschlüssel? Oder gar kostbarer, früher Rosen? Was ist das Schönste, was man einem Mädchen darbringen kann, um gleichzeitig damit sein ganzes Herz zu Füßen zu legen?

Nichts von alledem enthielt das Paket.

Mit zitternden Händen schälte ich ein Ungetüm aus dem knisternden Papier: einen riesengroßen, lächerlichen Osterhasen mit grellen, runden Glasperlenaugen, einem neckisch erhobenen Vorderlauf, zwei langen Löffeln, das Ganze bräunlich bepudert, dazu in recht kindischer Vornehmheit am Halse mit einer himmelblauen Atlasschleife umwunden.

Wenn ich auch ein verträumtes Kind war, so viel besaß ich immerhin von Evas Klugheit, um sofort zu begreifen, dass kein Mann einem Mädchen, das er liebt, solch einen albernen Hasen schenkt, wohl aber einem braven Kinde, das artig seine Medizin geschluckt hat. Dann kann er sogar überzeugt sein, dass es über diese Ostergabe laut aufjubelt vor Freude.

Ich brachte auch irgendeinen Schrei heraus, nur war es kein Jubelruf. Ich stürzte zur Tür heraus, die Treppe hinauf, irgend wo in einen geheimen Winkel auf der Bodentreppe, immer den Hasen im Arm. Damals betauten ihn bittere Tränen, deren Spuren heute noch zu sehen sind.

Dann, um die Geschichte ganz wahrheitsgetreu zu erzählen, fand mein Kummer ein recht vernünftiges Ende. Indem ich nämlich entdeckte, dass der Kopf Meister Lampes sich vom Haupte löste und sich hinter der Atlasschleife eine steife Pappkrawatte schamhaft verbarg, die das Innere des Hasenleibes sinnreich verstöpselte. Diese Höhlung war voll von vorzüglichen Ostereiern. Noch rannen meine Tränen. Aber meine Hand schob ein Ei nach dem andern in den Mund, Schokoladeneier, mit bunter Zuckercreme gefüllt. Der Hase hockte neben mir als ein Stück bittersüßer Wirklichkeit.

Und als das hob ich ihn treulich auf. Mit sanfter Pfote hatte er mir ein verrücktes Hirngespinst zerrissen, führte er mich zurück ins Kinderland, dem ich noch für lange, lange Zeit angehören sollte.

Der Doktor schwand völlig aus meinem Erinnern, sein Hase aber blieb. Und er hat mir immerhin noch auf die liebenswürdigste Art die Mucken aus dem Kopfe vertrieben.

Lenelies Pause

Kirmeskuchn

Wenn iech ewu of der Kirmes bie un mir guten, frischen Kirmeskuchn schmecken loß, noochert muß iech immer an meiner Tante Alma in Herld denken un an dar ihrn Kuchn. War dos e Kuchn, Leit! Herlder Kirmeskuchn, ka iech eich sogn, dar hot net när gut geschmeckt, dar hot aah gut gerochen; esu gut, doß iech heit noch das Herlder Kirmeskuchngerüchel in meiner Nos hob …

Kaa Lüg: Wenn iech dozemol als Gung mit meiner Mutter of Herld of der Kirmes gemacht bie, do hob iech schu in Thum, kaum doß mir aus ne Bimmelbahnel ausgestiegn sei, mei Nasel gehubn un gedacht: Der Tante Alma ihrn guten Kuchn, dan müßt mer doch itze lang riechn könne! Un derham bei der Tante noochert erscht! Es ganze gruße Sportheim an der Drabacher Stroß, in dan mei Tante wuhnet, dos hot nooch Pflaume-, Ardäppel-, Quark-, Straißel-, Äppel-, Zucker- un Mannelkuchn när esu gerochen, doß es enn dervu ganz törmlig wardn konnt …

Dos Kuchnassen noochert ober erscht! Dos war fer enn Gung wie fer mir es Schönnste von der ganzen Herlder Kirmes. Wos warn do Reitschuln, Raz-, Zucker- un Eisbuden unten ofn Herlder Kirmesplatz dergegn – gar nischt! Net epper, do mir derham kenn guten Kuchn gebacken un gassen hätten; ober der Alma ihrer, dos war ewos ganz annersch, dos war abn Herlder Kirmeskuchn, un setten Kuchn gob's nergdswu wieder of der ganzen weiten Walt.

Aamol, dos waß iech noch wie heit, do sei mir schu an Sonnobndnoochmittig of der Herlder Kirmes gemacht. Kirmeskuchen ober gob's bei der Tante Alma stets erscht an Kirmessonntig; do hot de Maus kenn Foden ogebissen, do war de Alma eisern. Ihrn guten Kuchn, dan se an Sonnobnd in der Früh von Bäck gehult hatt, dan hatt se ofn Blach in der Kammer drubn unnern Dach ze liegn, un wehe, wenn do aaner vür der Zeit nagange wär! Ober do hätt's bei der Alma ewos gesetzt, do hätt die kenn Spaß verstanden. Wu setter guter Kuchn bei aafachen Leiten, die de Pfenng net haufenweis dorümliegn hatten, wie's mei Tante un mei Onkel gewasen sei, ewos Rares war, wos es net jeden Tog gob!

Nu mußten mir ja über Nacht dobleibn, un ausgerachnt in dar Kammer, wu der Alma ihr Kirmeskuchen of Aschneiden lauern tat, do hob iech schlofen müssen. Könnt ihr eich dos vürstelln? Kuchn, herrlicher frischer Kirmeskuchn, sechs- oder siebnerlaa Sorten logn när esu dorüm, un dos hot eich gut gerochen! Do sollt nu e Gung von zah Gahrn, e Gung, dar in Wuchs stand, ruhig schlofen könne!

Iech waß, doß iech in darer Nacht gruß kaa Aag zugeta hob; erscht gegn ne Morgn muß mir'sch e wing ne Verstand genomme hobn. Wie iech noochert doch noch eigeschlofen bie, do hob iech von lauter grußen Bargn von Kuchn getraamt, gerod esu wie in Schlaraffenland. Iech war noch net durch, durch dan Kuchenbarg, do hot miech mei Tante Alma aufgeweckt: „Na, nu stieh när auf, Gunger! Alles sitzt schu lang unten in der Stub un wart' när noch of dir. Itze werd der Kirmeskuchen ageschnieten – willst wuhl net aah emol kosten ...?“ Un se lachet un langet sich enn nooch ne annern von die runden Kuchn von Schrank un machet klaane Stückle dervu wag.

Un ob iech kosten wollt – su ne Frog! Iech bie aufgesprunge aus menn Bett, un nischt wie nunner in der Stub, un iech hob an dan Kirmessonntig vürmittig un aah noochmittig noch emol suviel guten Herlder Kirmeskuchen gassen, doß iech noochert ofn Kirmesplatz of der Kettenreitschul bal gespeit hätt. Un, wie immer, hot uns de Tante Alma, wie mir eham sei, aah noch e grußes Packel Kuchn eigepackt, doß mir aah togs drauf noch emol tüchtig assen konnten ...

Heit noch, ihr Leit, mach iech gern of Herld of der Kirmes. Zer Tante Alma freilich ka iech nimmer hie, dä die labt schu lang net mehr. Iech mach zen Helmut, wos der Alma ihr grußer Gung is un mei Cousin, un dan sei Fraa, de Else, die bäckt eich enn Kirmeskuchn! Hm, dan loß iech fei net stiehe; do loß iech mir'sch net zweemal sogn, wenn de Else spricht: „Na, do tu dir när kenn Zwang a un lang när zu!", dä dar schmeckt gerod – naa, bal esu gut wie der Tante Alma domols ihrer!

Manfred Pollmer

De Kaffeestund

Mir sitzen fröhlich do bein Tisch un trinken Kaffee heit, un Stölle hobn mir aah derzu, mir laabn wie reiche Leit. Kumm Alte! Schenk mir noch emol, du altes, treies Blut. Drei Bunne, zwee Lut Wurzel dra, do schmeckt der Kaffee gut.

E jeder wünscht sich of der Walt viel Frad un viel Gelück un kriegt doch när vun Herzelaad e grußes, bittres Stück. Kumm Alte! Schenk …

Öb mir der Herr Gelück beschert, öb Gram, öb Herzelaad, wenn aar mir när mei Haisel läßt, menn Wald, de grüne Haad un dich, mei Alte. Schenk när ei, du altes, gutes Blut. Drei Bunne, zwee Lut Wurzel dra, do schmeckt der Kaffee gut!

Fritz Körner

Vorweihnachtsfreuden in Kindheitstagen

Wenn drunten beim Rülke-Buchbinder – er hatte seinen Laden gleich neben der Hilbersdorfer Post – wieder der große rote Adventsstern brannte, stand die schönste Zeit des Jahres unmittelbar bevor. Merkwürdig, wie sein mildes, geheimnisvolles Licht die dort ausgestellten Dinge verwandelte! Dazu gehörten Bücher verschiedener Art, ferner Schreibutensilien, bunte Pappkartons mit Spielen und manches begehrenswerte Holzspielzeug. Aufsicht führte alljährlich ein blau gewandeter Nussknackerpolizist, der stets mit zwei Raachermannl inmitten der ganzen Herrlichkeit Position bezog.

Dieser Rülk'sche Adventsstern war das Signal für die übrigen Ladeninhaber an der Hauptstraße; denn man könnte sagen, in Windeseile verwandelten sich alle Auslagen in Weihnachtsschaufenster! Sogar nebenan, beim Eisenhändler Vogel, wo sich Beiß- und Flachzangen, Sägen, Bohrer und allerlei anderes nützliches Werkzeug ein Stelldichein gaben, lagen zwischen diesen höchst profanen Dingen ein paar Tannenzweige mit kleinen, glitzernden Schneekristallen darauf.

Bei der Scherbel Minna – sie war die Inhaberin des Kurz- und Wollwarenladens – schneite es stets im Schaufenster. Da waren an feinen Silberfäden kleine weiße Wattebäusche kunstvoll aufgereiht. Sie wirkten wie echte Schneeflocken. Daneben, beim Friseur, stand eine große elektrische Kerze mit einem glitzernden Tannenbaum dahinter. Sie beleuchtete die bunten Geschenkkartons mit Kölnischwasser, Toska usw. Wir rochen die wunderbaren Düfte, die von diesen Fläschchen ausgingen, förmlich durch die Scheiben. Weiter unten, beim Drogisten Melzer, standen stets in einem Schaufenster zahlreiche Kartons mit herrlichen Glaskugeln, grün, rot und blau, silber und golden die Farben. Dazu kamen zarte Glöckchen, Fliegenpilze, kleine bunte Trompeten, die einen Ton hergaben, wenn man in sie hineinblies. Das Ganze krönte eine große Schneeglocke. Am

allerschönsten aber waren die Auslagen vom Schokoladen-Turm. Hier befand sich alljährlich, zwischen manchen köstlichen Leckereien, ein großes Pfefferkuchenhaus mit vielen Mandeln, Schokoladenplätzchen und Zuckerguss verziert. Die kleinen Fenster waren mit rotem Seidenpapier bespannt, und wenn dann im Häuschen gegen Abend eine winzige Glühbirne brannte, sah das recht geheimnisvoll aus. Ich habe es immer sehr bewundert und mich darüber gefreut, wäre auch gern selbst einmal Besitzerin eines solchen Pfefferkuchenhauses gewesen. Da aber mein Gabentisch ohnehin stets reich gedeckt war, habe ich diesen Wunsch nie laut werden lassen. Kam der Sonnabend vor dem 1. Advent heran, dann wurde von der Großmutter der alte Silberleuchter, der das Jahr über in ein weißes Tuch gehüllt in der Bodenkammer verwahrt wurde, heruntergeholt. Ich erhielt die Aufgabe, ihn mit einem Silberputztuch zu putzen, bis er nur so blitzte. Das gab zwar schwarze Finger, der Erfolg war aber dafür umso durchschlagender! Bei dieser Arbeit sah mir stets mein Raachermannl, ein lustiger Schneemann, zu, der dabei auch seine erste Pfeife rauchte. Die Mutter schmückte dann den Leuchter mit kleinen Tannenzweigen, die sie kunstvoll mit zarten roten Schleifchen daran befestigte. Diese wurden sodann mit Fliegenpilzen und Beeren aus gestauchter Watte geziert. Da der Leuchter vierarmig war, ließ er sich recht gut für die Adventszeit verwenden. Seine großen, gedrehten Kerzen brannten dann an einem jeden der vier Adventssonntage und ließen schon die Herrlichkeit des lieben Weihnachtsfestes ahnen.

An besagtem Sonnabend wurde beim Bäcker ein Blech Streuselkuchen gebacken, der dann, hoch aufgetürmt, auf dem nachmittäglichen Kaffeetisch prangte. Raacherkerzelduft, vermischt mit dem der Bienenhonigkerzen, und der Tannenreisig-Streuselkuchen-Kaffeeduft waren unvergleichliche Gerüche, die zum Advent gehörten. Alle Nasen kamen in dieser Zeit wahrlich auf ihre Kosten!

Beim morgendlichen Frühstück lag stets am grünen Sonntag ein prächtiger Adventskalender, mit viel Glitzerglanz darauf – ein besonderes Zeichen seiner Güte – neben meinem Platze. Er wurde am Küchenfenster aufgehängt und sodann 24-mal ein Fensterchen geöffnet. 24 Tage, im Kinderleben eine unendliche Zeit, mussten vergehen, ehe die Kirchentüre, hinter der sich das Bornkinnel verbarg, geöffnet werden durfte. Dann war endlich Weihnachten! Bis dahin aber gab es noch viel zu tun und zu erleben. Ein weiteres höchst vergnügliches Ereigns zur Adventszeit war der Besuch des Nikolaus, der zwar nie sichtbar war, dessen nächtliches Wirken jedoch am Morgen seines Ehrentages, dem 6. Dezember, ein höchst erfreuliches Resultat zeigte!

Am Vorabend wurde in einer Ecke des langen Flures der rechte Hausschuh gestellt, der dann morgens mit Äpfeln und Nüssen wohlgefüllt war. Daneben stand stets ein Pfefferkuchenhaus aus bunter Pappe voller Lebkuchenherzen und ein großer Schokoladennikolaus, das Ganze geheim-

nisvoll von einer dicken roten Kerze, die in einem goldenen Stern steckte, beleuchtet.

An einem der darauffolgenden Abende kam der Vater mit praller Aktentasche nach Hause. Darin verbargen sich viele Päckchen Oblatenlebkuchen, die aber unbesehen sogleich im Wohnzimmer verschwanden, denn sie waren für den weihnachtlichen Gabentisch bestimmt. Die Pfeffernüsse in der großen Tüte durften allerdings gleich einer Kostprobe unterzogen werden.

Nun nahte auch Mutters Backfest heran. Am Vortage galt es Mandeln zu schrappen, Zitronat zu schneiden, Rosinen zu waschen und was alles noch zur Vorbereitung dieses wichtigen Ereignisses gehörte. Am späten Nachmittag des Backtages mussten die köstlich duftenden Stollen im großen Wäschekorb vorsichtig heimtransportiert werden, was häufig nicht ohne Balanceakte abging, denn die Straßen waren voller Schnee und entsprechend glatt! Groß die Freude, wenn sie dann alle nebeneinander auf dem Küchentisch aufgereiht lagen, wohlgelungen, versteht sich! Die noch warmen Stollen bestrich die Mutter mit viel flüssiger Butter und dann schneite es so lange Staubzucker, bis eine dicke Kruste darauflag. Nur an diesem einzigen Tag im Jahre gab es, statt des üblichen Abendbrotes, einen großen Kuchenschmaus. Die Kuchen wurden stets nebenher gebacken. Lange zuvor schon haben wir uns darauf gefreut!

Lotti Scholz

Die Pfefferkuchenfrau hat gefehlt

Eines Tages, es war mitten im Advent, sagte Liesls Großvater: „Am Sunntig is Kinnerweihnachtsfeier ben Gesangverein. Iech ho Diech aah miet agemeldt!" Die kleine Mad war ganz aus'm Haisl und konnte den Sonntag kaum erwarten. Endlich war der 3. Advent herangekommen und sie stapfte an des Großvaters Hand durch den frisch gefallenen Schnee. Die Welt schien verzaubert zu sein! Es glitzerte, glänzte und funkelte wie im Palast der Schneekönigin. Der Silberne Sonntag machte seinem Namen alle Ehre! Drinnen, im Gasthof, sah es recht festlich aus. Alle Tische waren mit Lichtln und Fichtenreisig geschmückt, und auf dem Adventskranz brannten drei dicke, rote Kerzen. Für jedes Kind stand ein großer Teller mit Weihnachtsplätzchen bereit. Dazu gab es heißen Kakao. Nachdem sich alle gestärkt hatten, öffnete sich der Bühnenvorhang und ein schönes Weihnachtsspiel begann. Da saß der kleine Peter am Tisch und las in seinem Märchenbuch. Warm war es im Stübel und Peterle wurde müde. Er legte seinen Kopf auf die Arme und schlief ein.

Plötzlich öffnete sich eine große Weihnachtskiste, die in der Ecke stand, und heraus stieg zuerst der Rastelbinder. Er klapperte mit seinen blechernen Schüsseln und Löffeln und sagte sein Sprüchel auf: „Mausefalli, Rattifalli, alles was sie haben wolle. Pfännle, Näpfle, Töpfle und Tiegel, Stürzen, Löffel, Kleiderbügel. Einzustricken Form und Faß. Gute Mutter kauf Sie was!" Kurt Arnold Findeisens so trefflich bedichtete heimatliche Weihnachtsfiguren erwachten zum Leben!

Der Türke, der sich zugesellt, paffte gar gewaltige Racherkerzelwolken in die Luft, stellt sich als Sultan Soliman vor und erzählte von seinen 300 Frauen wie folgt: „Die plagen mich oft gar zu sehr und machen mir das Leben schwer. Da nehm ich meine Pfeife her und lass sie, ph, miauen ..." So und noch weiter spricht der Herrscher aus dem Orient und hüllt sich in Fichtennadel-Tabakswolken ein. Zum großen Vergnügen der Kinder, „miaute“ er fast so schön wie der Kater vom Müller Bäck, und das wollte etwas heißen!

Da steigt auch schon der Nussknacker-König aus seinem Behältnis heraus und beginnt mit tiefer Stimme: „Ich hab schon manche Nuss gepackt, krick krack, und mitten durchgeknackt. Der Spielzeugmacher, der mich schuf, gab mir das Knacken zum Beruf …“ An seine Seite trat alsbald der Nussknackerpolizist. Er führte Aufsicht über die kleine Schar und setzte ein gar amtliches Gesicht auf. Ihm folgten sodann Engelmusikanten mit langen weißen Gewändern und goldenen Flügelpaaren. Sie spielten auf ihren Flöten zu Ehren von Bergmann und Engel, die gar feierlich mit brennenden Kerzen einhergingen und die Bühne mit ihrem warmen Licht erhellten. Mit viel Innigkeit trugen die beiden die ihnen zugedachten Gedichte vor. Schließlich

leuchtete ein großer Lichterbogen im Hintergrund auf. Er trug 11 brennende Kerzen und sein Lied, dessen Text einst ihm zu Ehren Friedrich Emil Krauß geschaffen hat und das wir alle innig lieben, erklang auf wunderbare Weise. Andächtig lauschten die Kinder mit großen, glänzenden Augen dem feierlichen Gesang, der von jenseits der Bühne kam, ihnen aber geradewegs vom Himmel herabzukommen schien!

Zuletzt stimmten sie alle zusammen mit dem inzwischen erwachten Peterle das Kinderweihnachtslied „Ihr Kinderlein kommet“ an, das einstmals der junge Pfarrer Christoph Schmidt für die Kinder seines Heimatortes gedichtet hat.

Kaum war das Liedl verklungen, hörte man schwere Stiefelschritte und eine tiefe Stimme rief: „Uh, wie schwar, helft mer bissl, helft mer bissl.“ Mit einem ganzen Schwall kalter Winterluft trat Knecht Ruprecht in den Raum. Er schleppte einen beachtlichen Sack, mit Äpfeln und Nüssen gefüllt, auf seinem Rücken und alle Kinder wurden beschenkt.

Drüben, an der Wand des Saales aber, stand eine lange Tafel, von den Kindern in ihrem großen Eifer kaum beachtet. Dort war über recht geheimnisvoll anmutende Dinge ein langes weißes Tuch gebreitet. Hans Ruprecht lüftete es zusammen mit einem Helfer. Da standen vor den staunenden Kindern viele schöne Holzleuchter! Blau waren sie angestrichen. Darauf hatte der Maler feine goldene Sternchen gezeichnet. Jedes Exemplar besaß vier Arme und unter einem jeden hing ein goldenes Glöckchen. Es waren wunderschöne Adventsleuchter! Vor diesen aber lag, zur Freude der kleinen Schar, eine prächtige Pfefferkuchenfrau aus Olbernhau! Liebe Freunde, wer kennt sie von uns nicht, die heiß begehrte und viel geliebte? Wohl ein jeder! Hernach zog der Rupprich aus einer Tasche seines dicken Pelzmantels eine lange Liste heraus und rief jedes Kind beim Namen auf. Alle sagten brav ihr Sprüchel her. Der gute Mann war sehr zufrieden. Zur letzten kleinen Gruppe, die noch auf ihre Bescherung wartete, gehörte auch Klein-Liesl. Ihr, und auch den anderen Kindern, war es nicht entgangen, dass, oh Schreck, beim letzten Leuchter die

Pfefferkuchenfrau fehlte! „Guck emol, aner kriegt när en Lechter un kane Pfafferkuchnfra", sagte ein Junge leise zur Liesl. „Hoffentlich bie ich's net", fügte er noch hinzu. Mit dem „guten Folgen", wonach bei solchen Gelegenheiten peinlicherweise immer gefragt wurde, hatte es bei ihm wieder öfters gehapert. Aber nein, dr Gung hatte Glück gehabt. Die arme Liesl war der Unglücksrabe! Offensichtlich hatte man Knecht Rupprecht falsch informiert. Das „Dankeschön" fiel bei dr klenn Mad dementsprechend leise aus!

Als die Feier zu Ende war, packte sie der Großvater in Mantel, Schal und Mütze ein und auf ging's durch den verdämmernden Sonntagnachmittag der heimatlichen Behausung zu. De klane Mad war merkwürdig still auf diesem Heimweg. Der Opa aber maß dieser Tatsache keine besondere Bedeutung bei. „Se werd' eweng müde sei", so hat er gedacht. Bald sollte er eines Besseren belehrt werden! Zu Hause angekommen, nahm sich de klane Mad nicht mal die Zeit, den Schnee von Mantel und Schuhen abzuputzen, sondern rannte, so wie sie war, zur Mutter in die Stube hinein und fiel der erschrockenen Frau weinend um den Hals! „Alle hobn ne gruße Pfafferkuchnfra gekriegt, när iech ganz alla net", jammerte die Liesl und dicke Tränen kullerten über ihre roten Backen. Sogar Mantel, Mütze und Schuhe „weinten" mit, denn der Schnee taute in der warmen Stube rasch. Die Liesl schien sich ganz aufzulösen. Es war ein Bild des Jammers! „Ach, dorüm biste gar esu stille offm Heimwag gewasen!", ließ sich der Großvater vernehmen. „Na, wagn su en Pfafferkuchn brauchst de net su ze heiln! De Hauptsach is doch dr schiene Lechter. Iech hob Diech eweng spöt agemeldt, do hobn halt de Pfafferkuchn amende net meh gelangt." So sprach der Opa. Ganz anderer Meinung aber war die Mutter. „Mer söllt's doch net gelabn! Do hätt iech ah geheilt, un dos net ze knapp! Suwos brenge aah när de Mannsbilder zesamm!" So machte sie ihrem mütterlichen Herzen Luft. Für die Liesl hatte sie jedoch gleich einen guten Rat zur Hand. „Mir schreibn an's Bornkinnl en racht schien Brief. Dos ka uns bestimmt halfen!“, meinte die Mutter. Rasch waren Bleistift und Papier beschafft und zusammen wurde folgendes Schreiben aufgesetzt:

„Liebes Bornkinnl,
ich bitt Dich recht schön,
bring mir doch eine große Pfefferkuchenfrau!
Beim Rupprich gibt's keine mehr. Er ist ausverkauft.
Vielleicht hast du im Himmel noch ein paar!
Ich dank' Dir auch recht schön.
Es grüßt Dich ganz lieb

Deine Liesl

Am Heiligen Abend lag dann unter dem Tannenbaum ein prächtiges Exemplar. Ihren Mann hatte sie auch gleich mitgebracht. Es war ein strammer Nussknackerkönig! Den hatte der Opa gestiftet als Entschädigung für den großen Jammer. Da war natürlich die Freude groß! „Menne Pfafferkuchenfra is noch guttegar friesch und gar ka bissl treich. De annern Kinner hobn ihre bestimmt schu verspachtelt“, lachte die Lisl. Und so wird es wohl auch gewesen sein!

Lotti Scholz

Pfefferkuchen

Zur Bescherung, zu Besuchen,
immer schmecken Pfefferkuchen,
Kost bei Licht und Liederklang,
und sie halten sich auch lang.
Pfefferkuchen bei Geschenken
sind zum Fest nicht wegzudenken.
Für die Lippen wie ein Kuss
Zuckerecken, Zuckerguss,
für die Zähne mild und weich
Vorgeschmack vom Himmelreich!
Braune Herzen, weiße Sterne,
all das knabbern wir so gerne.
Jedem Gaumen Hochgenuss
bringen sie zum Jahresschluss.
Aberglauben weiß sogar:
Freude für das nächste Jahr!

Ist auch gar kein Pfeffer drin,
lehrt uns die Verkäuferin.
Doch Gewürze allerhand
aus dem fernen Morgenland.
Pfeffer nannte man vor Jahren
Pulver, die exotisch waren,
und so blieb es auch dabei
in der Weihnachtsbäckerei.

Pfefferkuchen sind gesund,
machen euch nicht dick und rund,
liegen auch nicht schwer im Magen
wie die Gans an Feiertagen.
Esst ihr viele, Stück für Stück,
habt ihr dann auch wirklich Glück,
könnt dadurch, ihr werdet's sehn,
pünktlich auf Toilette gehn!

Wolfram Böhme

Die Entstehung des Freiberger Bauerhasen

Markgraf Friedrich mit der gebissenen Wange liebte das blühende Freiberg mehr als alle anderen Städte der Markgrafschaft Meißen. In der reichen Silberstadt ließ sich auch prächtig hofhalten. Zur Tafelrunde des Markgrafen gehörte dann immer auch der Kaplan von St. Marien, ein munterer Unterhalter und Feinschmecker, aber zugleich auch ein standhafter Trinker. Eines Fastnachtdienstags hatten die Herrschaften wieder bis nahe an Mitternacht getafelt. Da befahl der Markgraf seinem Koch namens Bauer als nächsten Gang Hasenbraten auf den Tisch zu bringen. Der Kaplan erhob jedoch hiergegen Einspruch. Er erklärte es im Hinblick auf die um Mitternacht beginnende Fastenzeit für Sünde, nunmehr noch eine Fleischspeise zu sich nehmen zu wollen. Ein heftiger Wortwechsel zwischen dem Markgrafen und dem Kaplan war die Folge, denn beide hatten bereits mehr als nötig getrunken. Der Koch aber war ein witziger Kopf. Er versprach, ein Gericht aufzutragen, das beiden Parteien gerecht werde. Darauf ging er in die Küche und formte aus Teig einen Hasen, bespickte denselben gut mit Mandeln und buk ihn knusprig braun. Bald darauf brachte der Koch das Gericht auf die Tafel und bemerkte, dass so ein Hase wohl auch in der Fastenzeit gegessen werden könne. Der Kaplan, kirschrot vor Wut, wollte das Tischtuch samt Hasen und Weinbecher herunterreißen. Aber die Tafelrunde hielt das Tuch fest, sodass der Koch in aller Ruhe den „Hasen“ zerlegen konnte. Der Kaplan, den nunmehr auch die neue Speise reizte, erklärte dieselbe sofort für zulässig. Der Markgraf, der mit seinem Koch sehr zufrieden war, befahl, dass das neue Gebäck, dem er seinem Erfinder zu Ehren den Namen „Bauerhase“ gab, in Zukunft während der Fastenzeit immer seine Tafel ziere.

Volkssage

Eierschecke auf Freiberger Art

Die Eierschecke hat ihren Namen entweder vom Kuchenquerschnitt, bei dem sich deutlich die weiße Quarkmasse, die gelbe Eicreme und die braune Decke voneinander absetzen, oder von der gelb- und braunscheckigen Oberfläche. Sie ist aus Dresden ins Erzgebirge eingewandert und hat dort neben der einheimischen Freiberger Eierschecke ihren Platz gefunden. Die Freiberger Eierschecke scheint die ursprüngliche Form dieses sächsischen Kuchens zu sein, denn nach Reinhard Lämmel (*1950) kam die Verwendung von Quark erst nach 1920 in Mode.

Eierschecke auf Freiberger Art

Zutaten:
Hefeteig: 125 g Weizenmehl, 25 g Margarine, 2 Esslöffel Zucker, 1 Prise Salz, 1 Ei, 40 ml Milch, 15 g Hefe.
Gussmasse: 5–6 Eigelb, 125 g Zucker, Mandelsplitter, 125 g Butter.

Alle Zutaten des Hefeteigs mit dem Knethaken zu glattem Teig kneten, 30 Minuten an einen warmen Ort stellen und auf einem kleinen runden Blech ausrollen. Nun werden 5–6 Eigelb mit 125 g Zucker schaumig geschlagen und auf den Teigboden gestrichen. Man bestreut sie mit Mandelsplittern, erhitzt 125 g Butter und gießt sie heiß darüber, ehe man den Kuchen bei Mittelhitze, von einem Backpapier geschützt, bäckt.

Dreimal, dreimal um das Haus,
Gebt mer e Stickchen Kuchen 'raus.
Is der Kuchen nich geraten,
Gebt mer e Stickchen Schweinebraten.

Überliefert, um 1898

Zum Ausklang

Wie dr Kanter Brust de Speisekart osinge mußt

Dr Kanter Brust vun Siebdörfel war waagn seiner schinn Singerei weitberühmt, noch berühmter war er oder, wall'r gern un viel un gut asset. Nu kummet ne när dos Gute net alle Tog nei's Haus. Dr Kanter hatt e paar Kinner un aah när e paar Toler Gehalt, do langet's mannichsmol ball net ze Aardäppeln un Haarich, net oder ze Broten un Brüh. Mannichsmol bracht'n dr Gelangel ball üm, un gelappert hot sei Zung nooch wos Guten, oder dos Gute kummet net. Mannichsmol kame Tog, wu er net ze lappern brauchet, es kame Sauschlachten, Kirmesen, Kindtaafen, Hochzing un aah Leichn: Überol war dr Kanter miet derbei un krieget sei Taal.

Enn schinn Beerplatz hatt oder dr Kanter in Staadtel. Do war e feiner Gasthuf, „Hotel de Saxe" haaßet'r, „Sachsenhuf" soget'n de Leit. In dan „Sachsenhuf" kehret'n när feine Leit ei. Aah ne Kanter ziehet's mannichsmol nei, oder net zun Schlemme, er trinket e Tippel Bier un laaset, wall'r sich doch nischt kaafen kunnt, de Speisekart zwee oder drei Mol durch. Doderbei hot'r mit dr Zung gelappert, wenn ewos Guts of dr Kart ze lassen war.

Wie's zugange is, ka ich net sogn, bei e setter Gelaagnhaat hatt dr Kanter emol e paar feine Mannsen unterhalten un hatt dos gute Zeig of dr Speisekart noochenanner rogesunge. Dos war esu schie gewaasen, doß alle fein Mannsen die Singerei härn wollten. Un esu is kumme, doß dr Kanter dann un wann in „Sachsenhuf" de Speisekart osinget.

Nu derf niemand denken, die Singerei war Ufug gewaasen, i naa, dos war e ganz feine Sach. Dr Kanter war e gruß Schenie, un wenn'r de Weisen aufgeschriebn hätt, do wär dr Kanter heit e berühmter Ma. „Kaas, Butter un Brut",

singet'r esu ro, doß mer härn kunnt, ob dr Kaas gut oder schlacht war. Ja, mer kunnt härn, ob'r Moden hatt oder kaane. „Aardäppeln un Haarich" kunnt dr Kanter of hunnert Arten singe. Emol ganz zefrieden, emol wehmütig wie de Crutendorfer Meirer, die ne Haarich na de Stubndeck hänge un die ne Aardäppeln bluß dan Haarich zeign, oder frisch un fruh wie de Hansgörgnstädter, die üm geden Haarich rümtanzet'n. Fette Haarichn hatten e anner Lied wie ebber dürre oder gar welche uhne Kopp. „Aardäppeln un Quark" wur esu straff un gewaltig besunge, doß mer market, dos is e ehrlich Assen, dos gibt Kräften. Oder nu erscht „Broten un Brüh", do kunnt dr Kanter schallern wie e Ammisch oder wie e Stangezipp, do hot'r gezwitschert un geträllert wie e Baampieperle. „Schnitzel" singet dr Kanter esu harrlich, doß ne Leiten 's Wasser in Maul zammlaafet. „Karpen un Schleie" machet allen Leiten Aßlust. „Leipziger Laarchn" brenget in Harbest Zwitschern un Trillern nei dan „Sachsenhuf".

Nu besinget dr Kanter dos gute Zeig net när, er krieget aah emol ze kosten. Do soß'r nort dorten un lappret mit Leib un Seel.

Obwuhl die fein Leit in „Sachsenhuf" vun Kanter seiner Singerei huchentzückt warn, wollt doch dan Siebdörflern die Art daar Singerei net gefalln. De Siebdörfler hatten domols entweder racht gruße Galln oder ganz hitzige Laabern, egal un egal wieder zeiget'n se ihrn Kanter a. War ne emol irgndwu wos Menschlichs geschaah, wußt dos ne annern Tog dr Schulinspekter, mußt dr Kanter emol hurtig naus na'n Baam, wußt dos zwee Tog spöter dr Harr Amtshauptma, krieget dr alte Kanter emol e racht schiene fette Worscht oder e racht stark Krummbaa, wur'sch nei's Amtsstaadtel bericht.

Wie gesat, entweder hatten die Siebdörfler gruße Galln oder se dachten, se könnten ihm Kanter mit setter Abügelei bessern. Wärn die zwee grußen Mannsen, dr Amtshauptma un dr Schulinspekter, schlachte Dingerichn gewaasen, wär'sch ne Kanter mannichsmol racht schlacht gange.

Emol kummet dr Kanter nei dan „Sachsenhuf", bestellet sich e Tippel Bier un laaset de Speisekart. Do stiehet lauter feins Zeig drauf, un als ganz besunnere Wunn un Gitt: „Stangenspargel mit Butter". Dr Kanter hatt in senn ganzen Laabn noch kaa Pfund Spargel gassen, drüm stiehet sei Si gerod nooch Spargel, un dr Gelangel bracht'n ball üm. Egal wieder gucket'r dos Satzel a: „Stangenspargel mit Butter", un losset sich schu in Geist dan Spargel gut schmecken.

Dr Kanter krieget oder kenn Spargel ze assen. Un kaafen kunnt'r sich kenn. In senn Galdbeitel soßen bluß e paar armsaalige Beitelmaasen, die ver Nut net klengeln kunnten, wall se bluß aus Kupper oder Nickel warn. Wieder nammet dr Kanter de Speisekart un laaset un keiet in Gedanken, esu gut schmecket daar Spargel. Keie kunnt'r schie, oder na'n Gaume kummet nischt, do losset dr Kanter die Keierei sei un gucket traurig sei Rastel Bier a. Itze kummet dr Oberkellner geschwanzelt un fröget: „Will sich dr Harr Kanter nei de gute Stub bemühe, e Harr wär drinne, daar e bissel Unterhalting hobn wöllt." Dr Kanter Brust nammet sei Biertippel un giehet nei de gute Stub un machet e paar Kratzfüß ver dan Ma. Daar stellet sich vür, er war e Kuhlnma aus Zwicke. Dr Kanter wur nu eigeloden, Platz ze namme, un ball warn die zwee Mannsen ben Politikern. Zeletzt druckset daar Kuhlnma oder raus, ob dr Harr Kanter emol de Speisekart singe wöllt. Er hätt gehärt, dr Kanter könnt dos esu schie.

Dr Kanter losset sich dos net zweemol sogn. Er nammet de Speisekart, stellet sich in Posetur an fanget a ze singe: „Spargelsuppe, Bouillon mit Ei, Forellen“ un esu wetter, un ganz zeletzt „Stangenspargel mit Butter“. Ob’r nu dan Tog racht grufse Lust zun Singe hatt oder ob sei Hunger nooch Spargel gruß war, er singet esu schie, harrlich un begeistert, doß alln Leiten, ’s warn derwalle welche kumme, ’s Wasser in Maul zammlaafet. Aans wie’s annere bestellet Stangenspargel mit Butter. Dr Kanter kam oder aah net schlacht wag.

E Tog fängt a un härt aah auf. Su mußt dr Kanter nu aah miet – ehaam gieh. Wie er su de Stroß naufmachet, vollgefrassen wie e gunger Kuckuck, kunnt’r sich net halten un machet e paar klaane Rölpserle. Zwee Tog spöter hatt dr Harr Amtshauptma schu enn Brief: „Es is e Schand, wie itze de Kantern rümlaafen. Verwichene Nacht is dr Kanter de Stroß nauf, voll un fett wie e Dudelsook un besoffen wie e Stamptrug. Un gerölpst hot’r wie e alter Sauhacksch. Oder wos is de Schuld? In dr Stadt hot’r wieder emol de Speisekart rogesunge. Muß er emol ze Gottes Ehr un dr Gemaa zer Erhebing in dr Kirch singe, do is’r haascher, oder de Stimm schnappt über, oder Spargel besinge, dos ka er, do singt’r wie e Schwarzblatt un trällert wie e Baampieperle. Sette Sachen schreie mehro ball zun Himmel.“

Dr Harr Amtshauptma war sist e gut Mannsen, ob’r sich oder heit geargert hatt oder ob’r siech kränket, doß aar

kenn, dr Kanter oder ze viel Spargel gassen hatt, kurz, er war über dan Brief fuchsteifelswild. Dr Amtshauptma fühlet sich emol als Bezirksschulinspektiu, schicket dan Brief, mit e paar Satzle na'n Rand geschriebn, ne Inspekter hi. Daar verfüget: Dr Kanter Brust sollt an 15. Mai emol nei ofs Amt kumme.

Wie daar Ugelückstog ra war, ziehet dr Kanter sei Obndmohlsröckel a un machet nei dr Stadt. Die zwee Mannsen, dr Amtshauptma un dr Schulinspekter, hatten aah ihr Obndmohlröckel a, un nu ka mer geleich saah, doß die Sach feierlich wur. Nu, ich sog nischt wetter. Wenn zwee neie Gehröck über enn alten nei sei, do verspielt daar alte. Drüm sitzet aah dr Kanter wie geschlogn of senn Stuhl. Dr Harr Amtshauptma packet aus un packet auf. Alles kummet dra: Sauschlachten, Kuchnsinge, Klavierhannel, Vugelstelln un zeletzt Speisekartosinge. Wußt daar Amtshauptma Zeig! Ne Kanter ruppet's egal meh nazamm. Daar wur zusaahendst e Heifele Ugelück. Wie nu daar Amtshauptma spuket un gar kaa Aufhärns kriegn kunnt, krieget dr Schulinspekter, daar e guter Ma war, Mitlaad mit senn Kanter un aah e bissel Arger of dan krawallet'n Amtshauptma. Mocht daar doch de Sekretär un de Vürständ aschreie, seine Lehrer un Kanter wollt dr Schulinspekter allaane auszanken. Un dr Schulinspekter maanet, dos Zeig wär doch alles noch net genug geklärt, doß e klaa Verweisel genüget un net esu e scharfe Rüffelei. Un wos de Singerei agäng, su wär aah net bewiesen, doß se frivul un Sünd gewaasen war. 's beste wär, dr Kanter singet emol e paar Satzle aus dr Speisekart. Er wür doch noch wissen, wos draufgestanden hätt. Oder Spargel mit Butter söllt'r genauesu singe wie sattigs Mol in „Sachsenhuf".

Dr Kanter hulet tief Luft un singet. Demütig un wehmütig singet'r de Suppen ro, mit Arnst, Würd un in Marschtakt singet'r Graupen mit Rindflaasch. Nudeln war e Sunntigassen, drüm häret mer aus dan Gesang, doß Sunntig war. Zerletzt kummet dr Spargel dra. Stangespargel mit Butter singet dr Kanter esu schie, doß sich die zwee Inspektiumannsen haamlich zunicket'n. Mit Kaas, Butter un Brut gang de Singerei traurig un wehmütig ze End.

Dr Schulinspekter putzet sich de Nos, wall'r lachen mußt, ne Amtshauptma war net wie lachen, oder er saahet viel ruhiger aus. Zerletzt haltet er ne Kanter noch e kurze, straffe Vermahning, se war oder halb esu scharf wie de erschte. Dr Kanter kunnt gieh. Un er gang gern un fruh. Die biese Sach war genaadig ausgeloffen, doß wußt'r nu.

Gedehsche schmaunket dr Kanter an dan „Sachsenhuf" verbei, losset sich aah de Toger vierzn net in Staadtel saah. Nort oder ziehet ne doch dr Gelangel wieder nei dan „Sachsenhuf". Oder heit kunnt aller Gelangel nischt ausrichten. Dr Kanter kaafet sich e Tippel Bier un laaset de Speisekart. Spargel stiehet aah noch drauf, oder heit kunnt'r net locken, dr Kanter hatt kenn Gelangel dernooch, dan hatt ne dr Amtshauptma ausgetriebn.

„Aardäppelsupp, Aardäppelsupp, ne ganzen Tog Aardäppelsupp", brummlet dr Kanter vür sich hi, machet Variatiune drüber un losset emol ne Tenor, emol ne Baß de Meledie singe, trinket nort sei Bier aus un wollt gieh. Do soget dr Kellner: „Herr Kanter, wolln Se denn Ihre Portion Spargel nich essen?"

„Iech? Wiesu?", fröget dr Kanter.

„Se habn noch e Portiu gut, un ich kann nur raten, assen Sie se heit, denn dr Spargel wird nu holzig."

Dos war Musiek fer'n Kanter. Geschwind setzet'r sich wieder hi. Dr Ober troget e Portiu Spargel auf. Gruß genug war'sche. Drei Mannsen hätten soot gehatt, oder fer'n Kanter war'sche viel ze klaa. Oder e Gitt war'sch doch! Mit Adacht un Gefühl asset dr Kanter, un mer kunnt saah, wie ne geder Bissen schmecket. Wie er fartig war un gieh wollt, soget'r zen Ober: „Ka mer emende derfahrn, waar die Portiu bezohlt hot?" Do lachet daar Kellner wie e Spitzbub un soget: „'s is mir verbuten, aber Sie sagen's doch nich weg, der Herr Schulinspekter hat die Portion Spargel bezahlt."

Fritz Körner

Erzgebirgisches Küchen-ABC

Die erzgebirgische Küchensprache

Gibt es eine weitere deutsche Küchensprache, die so bildhaft und eigenständig ist wie die erzgebirgische? Wohl kaum. Quicklebendig tritt sie uns in der lokalen und familiären Überlieferung, in Erzählungen, Liedern und Gedichten sowie in Kochbüchern entgegen. Und wir begegnen ihr auf den Speisekarten traditionsbewusster Gastwirte.

Allerdings treffen wir in der Region auf keine einheitliche Mundart. Vielmehr wird von der Wissenschaft zwischen dem Vorerzgebirgischen, dem Westerzgebirgischen, dem westlichen und dem östlichen Osterzgebirgischen und dem Ostmeißnischen unterschieden. Noch heute lässt sich daran ablesen, wie vom 12. Jahrhundert an die Siedlerströme flossen. Auch aus dem benachbarten Böhmen sind sprachliche Einflüsse nachweisbar. Mancherorts haben sich lokal begrenzte Sprachformen erhalten, denn tief eingeschnittene Täler hemmten jahrhundertelang den Verkehr innerhalb des Gebirges. So treffen wir auf keine einheitliche Küchensprache, sondern auf eine Fülle unterschiedlichster Begriffe. Manche davon sind überall gebräuchlich, andere nur in einer der fünf Sprachregionen, in einem bestimmten Gebiet oder gar nur an einzelnen Orten. Wieder andere haben an verschiedenen Orten verschiedene Bedeutungen.

Soweit sich feststellen lässt, ist das nachstehende ABC der erste Versuch, die Vielzahl erzgebirgischer Küchenausdrücke in einem Alphabet zusammenzufassen und inhaltlich und sprachlich zu erläutern. Dass kein Anspruch auf Vollständigkeit erhoben werden kann, liegt auf der Hand. Für Ergänzungen und sonstige Hinweise sind Verfasser und Verlag dankbar. Zuschriften bitte über den Verlag oder per E-Mail an w.e.heinold@eulenhof.de.

Ant
Ant ist die mundartliche Bezeichnung für Ente. Man brät sie in einem gusseisernen Topf in der Röhre – wenn man noch einen Herd mit dieser segensreichen Einrichtung hat.

Ardäppeln
Kartoffeln gedeihen im Erzgebirge gut. Ihre ursprüngliche Heimat ist ebenfalls ein Gebirge: Um 1537/38 berichteten spanische Konquistadoren aus den südamerikanischen Hochanden zum ersten Mal von den nahrhaften Knollen und importierten sie nach Europa. Ins Erzgebirge wandern sie zu Beginn des 18. Jahrhunderts ein und sind bereits um 1750 weit verbreitet. Nach den Hungerjahren von 1771/72 wurden sie rasch zum Hauptnahrungsmittel. Noch heute bietet die erzgebirgische Küche eine überraschende Fülle von Kartoffelgerichten.

Ardäppelbrei, Kartoffelmus
Kartoffelbrei ist ein klassisches Gericht, nicht nur im Erzgebirge. Die Zutaten gekochte Kartoffeln und heiße Milch sind Standard, im Erzgebirge gern vermischt mit ausgelassenem Speck und Zwiebeln. Die vogtländische Variante hat rohe Kartoffeln zur Basis.

Ardäppelkuchen
→ Kartoffelkuchen.

Ardäppelsalat
Kartoffelsalat wird am Gründonnerstag mit Friesrich (Schnittlauch) und am Weihnachtsabend mit Hering als Festgericht gegessen.

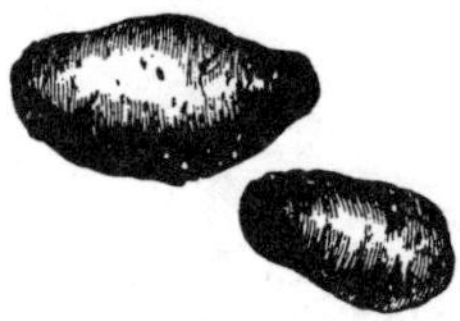

Ardäppelsupp
Unter den Ardäppelgerichten ist die Ardäppelsupp in verschiedenen Zubereitungsarten ebenso typisch für das Erzgebirge wie gekochte oder rohe Kartoffeln in jedweder Form. Die Schriftstellerin Irmtraud Morgner, 1933 in Chemnitz geboren, lässt ihren Großvater Gustav in ihrem Roman „Die wundersamen Reisen Gustavs des Weltfahrers" geradezu leitmotivisch Kartoffelsuppe essen, abwechselnd gewürzt mit Thymian, Estragon, Basilikum, Sellerie, Liebstöckel, Kümmel, Majoran, Beifuß, Dill, Pfeffer, Leberwurstgewürz und Blutwurstgewürz.

Arme Ritter
„Armeritter" (sic!) sind als Gericht schon um 1600 nachgewiesen. Sie gibt es nicht nur im Erzgebirge, aber sie gelten dort als typisch für die Region. Basis sind Zwiebäcke, altbackene Semmeln oder Weißbrotscheiben. Wie üppig das mit Vanillemilch getränkte, eventuell durch geschlagenes Ei gezogene und gezuckerte Grundprodukt in Fett gebacken wurde, war früher eine Frage des Geldbeutels.

Aufschmier
Aufschmier ist Brotaufstrich, ursprünglich ein einfacher „Bamms" von Fett und dergleichen.

Backes, Backs
Das einfache Kartoffelgebäck (→ Raache Maad, → Getzen) wird örtlich verschieden aus rohen oder gekochten Kartoffeln oder aus einer gemischten Kartoffelmasse zubereitet.

Bambes
Bambes ist eine auch im Vogtland gebräuchliche andere Bezeichnung für → Backes. H. Montanus dichtet um 1900: „Wenn's Bambes gibt und Rauche Maad, do ward fei orntlich schlampampt." Pamps ist ganz allgemein in Sachsen und im Erzgebirge jede Art von dickem Brei.

Basnbinder
Besenbinder heißt mancherorts ein Pfannengericht aus rohen, geriebenen Kartoffeln, klein gehackten Zwiebeln und Rauchfleisch sowie Ei.

Be-Bemm
Be-Bemm ist eine Abkürzung für Bettelmaa-Bemm', so noch heute auf erzgebirgischen Speisekarten und in erzgebirgischen Kochbüchern zu finden: dicke Bemme vom Schwarz- oder Graubrot (auf der Herdplatte oder im Toaster geröstet), mit Butter bestrichen und zumeist mit ein paar Scheiben gekochten Kartoffeln und Zwiebelringen belegt.
Rezept → S. 50

Beerknitsch, -mantsch
Unter Beerknitsch versteht man zerdrückte Schwarz- oder andere Waldbeeren in Milch. Knitschen heißt drücken, pressen, quetschen, Saft wird aus Beeren „ausgeknitscht". Mantschen heißt, sich mit Feuchtem beschäftigen, Matschen im Wasser oder Schlamm wühlen oder rühren, also eine eher unappetitliche Bezeichnung für ein sehr appetitliches Gericht.

Bemme
Eine Bemme ist eine – ursprünglich geschmierte, heute vielerorts auch einfache – Brotschnitte, entlehnt aus dem wendischen „Pomazka“ für Butterschnitte. Der Ausdruck ist im Erzgebirge und im ganzen übrigen Sachsen verbreitet.

Bier
Die ausgezeichnete Qualität des erzgebirgischen Bieres ist vor allem auf das gute Gebirgswasser zurückzuführen. Glücklicherweise gibt es eine Reihe von kleineren und größeren Privatbrauereien, die die regionale Tradition fortführen. Klar, dass erzgebirgische Biere auch für so manche Speise verwendet werden, wie z. B. helles Bier für Biersuppen und dunkles für Bierfleisch (Rindergulasch).
Rezept → S. 110

Böhmische Knödel
Böhmische Knödel ist die im Erzgebirge übliche Bezeichnung für Mehl- oder Semmelknödel.

Braune-Mahl-Ardäppeln
Braune-Mahl-Ardäppeln sind gekochte Kartoffeln in brauner Mehlsoße, ein einfaches Tellergericht, das auch sauer mit Essig zubereitet wird.

Breesel-, Bröselgetzen
Die Süßspeise Bröselgetzen bekommen Sie nur im Erzgebirge. Es handelt sich um ein Kartoffelpfannengericht.

Brösel bedeutet Krümchen. In diesem Sinne wird das Wort allgemein noch immer in „Semmelbrösel" gebraucht. Die Kartoffeln werden demnach in die Pfanne „gekrümelt"! Über den rätselhaften zweiten Bestandteil der Bezeichnung dieser Speise mehr unter dem Stichwort „Getzen".

Brennnesselsuppe
Brennnesselsuppe war früher wegen ihres hohen Vitamingehalts sehr geschätzt. Brennnesseln vom Garten- oder Straßenrand wurden auch als Kochgemüse wie Spinat zubereitet.

Brieh
Brieh ist der erzgebirgische Ausdruck für Tunke (= Sauce oder Soße).

Bröckelgötzen
Anderer Ausdruck für → Raache Maad.

Brotkließ
In kargen Zeiten wusste man sogar harte Brotkanten zu einem schmackhaften Gericht zu verarbeiten, indem man sie zerrieb oder in Wasser einweichte, mit Kartoffeln vermischte und in der Pfanne buk. Besonders im Herbst, wenn die frischen Pilze im Wald wachsen, wird auch heute noch ein richtiges „Schlemmermahl" daraus.

Bruzln (Grieben)
Bruzln sind die Grieben oder → Griefe, die beim Auslassen von Schweineschmalz entstehen.

Buchteln
Buchteln sind Hefekäulchen, ein aus Böhmen eingeführtes Gebäck, das auf Tschechisch „Buchta" heißt.

Buhnen
Buhnen ist der mundartliche Ausdruck für Bohnen, die in Hausgärten als Busch- oder Stangenbohnen wachsen.

Butter
Butter kam früher nicht aus Großmolkereien, sondern wurde selbst hergestellt oder aus Kleinstbetrieben von Butterfrauen über Land bezogen. Üblich war, die Butter in Modeln in hübsche Formen zu bringen, z. B. rund mit Blumenverzierungen oder in Schäfchenform. Zur Kühlung dienten Brunnenstuben in Gehöften oder Butterhäuschen für umherziehende Händler. Kühle Quellen hat das Erzgebirge ja reichlich.

Selbst hergestellte Butter wurde verkauft oder gegen andere Naturalien getauscht, während man Nebenprodukte wie Buttermilch, Molke, Quark und Käse im eigenen Haushalt verwendete (→ Quark, → Quärchel).

Mit Butter wurde im alten Erzgebirge vornehmlich gebraten; zum Brotaufstrich avancierte sie erst, als nach Erfindung der Zentrifuge in der 2. Hälfte des 19. Jahrhunderts der Butterverbrauch allgemein sprunghaft anstieg.

Cichorie, Zichorie
Ein im alten Erzgebirge weit verbreiteter Kaffee-Ersatz wird noch heute aus der Gemeinen Wegwarte hergestellt, die wild am Wegrande wächst, aber auch angebaut wird. Die Holländer entwickelten die Kunst, daraus den belieb-

ten Ersatzkaffee herzustellen. In Deutschland und Frankreich wurde er in großen Mengen erzeugt, als Napoleon I. durch die sogenannte Kontinentalsperre den Überseehandel stark einschränkte. Als Kaffee-Ersatz dienten auch Roggen, Weizen, Eicheln und Rosskastanien sowie Mischungen aus diesen Rohstoffen. Der beliebte Malzkaffee wird aus Gerste gewonnen. Wenn es an Sonn- oder Festtagen zu „halb und halb" (halb Bohnen-, halb Ersatzkaffee) reichte, galt das schon als großer Genuss. In Notzeiten schließlich wurden Kartoffeln in Ersatzkaffee gebraten.

Dalken, Talken

Dalken, mancherorts auch Talken, ist slawischen Ursprungs (toleko) und bezeichnete ursprünglich eine schwerflüssige, zähe Masse. Die Bedeutung wurde auf das fertige Gebäck übertragen. Dalken sind typisch für die Erzgebirgsregion um Seiffen. Das dort übliche Gericht „Dalken mit Apfelmus" hat auch eine symbolische Bedeutung: Aus der Erde kamen das Erz und die Kartoffeln, vom Himmel das Licht und der Apfel. Beides brauchte der Bergmann zum Leben und Überleben.

Dampfnudeln

Dampfnudeln sind Hefeteigkugeln, die – nachdem der Teig aufgegangen ist – in warmer Milch oder Wasser oder zerlassener Butter in einer verschlossenen Kasserolle gegart werden. Obwohl vermutlich bayrischen Ursprungs, gelten sie als typisch erzgebirgisches Gericht. Verschiedene Hersteller erzgebirgischer Spezialitäten vertreiben sie z. T. an eigenen Ständen auf regionalen Märkten und auf dem Versandwege.

Dorschtenspalken

Wer vermutet schon, dass wir es bei Dorschtenspalken mit einem Wort antiker Herkunft zu tun haben? Sein Ursprung liegt im weinumkränzten, efeugeschmückten Bacchusstab, der oben in einen Pinienzapfen auslief (griechisch = *thyrsos*). Im Lateinischen wurde daraus *thyrsus* für Pflanzenstängel, im Italienischen *torso* (Bruchstück, unvollendetes Werk), im Mittelhochdeutschen *torse* für Kohlstrunk. Im Erzgebirge sind Dorschten Kohlrüben; Spalken steht für Kartoffel- oder Gemüsespalten oder auch für Eintopf allgemein. Dorschtenspalken ist also ein Kohlrüben-Kartoffel-Eintopf.

Drackite Supp
Drackit (dreckig) heißt die Suppe wegen ihres Aussehens, denn sie wird aus ungeschälten Pellkartoffeln bereitet.
Rezept → S. 33

Draufgelegte
Draufgelegte sind auf der heißen Ofenplatte gebackene Ardäppelscheiben.

Eibrock
Mit Eiern hat Eibrock nichts zu tun. Vielmehr handelt es sich um ein sehr einfaches Gericht aus Brot oder Semmeln und Milchkaffee, früher auch bei Kindern unter der etwas hochtrabenden Bezeichnung „Kaffeetorte“ beliebt. Mit Butter bestrichenes, hartes Schwarzbrot wird in gezuckerten Milchkaffee eingebrockt und gelöffelt: Die Suppe, die man sich eingebrockt hat – so das Sprichwort – muss man auch auslöffeln.

Die Tortenversion: Eine Semmel wird in Milchkaffee eingebrockt, bis eine Masse entsteht, die auf einen Teller gestürzt und mit viel Zucker bestreut wird.

Übrigens: Eingebrockt wurde im alten Erzgebirge vorwiegend in Ersatzkaffee (→ Cichorie, → Wasserbraazen).

Eierquatsch
Eierquatsch nennt man im Erzgebirge die Rühreier.

Eierschecke
→ Freiberger Eierschecke.

Eigeschnietne
Eigeschnietne sind in die Pfanne geschnittene (Brat-)Kartoffeln.

Einmargenierte
Unter Einmargenierten versteht man im Erzgebirge marinierte Heringe.

Falscher Hos
Der „falsche Hos“ (Hase) ist ein Hackbraten, auf Sächsisch Wiegebraten. Länglich geformt, ähnelt er einem Hasenrücken und wird bisweilen wie dieser gespickt. Man kann ihn mit zwei gekochten Eiern füllen; dann kommt er in Scheiben – „Schwalbennester“ genannt – auf den Tisch.

Faunzen
→ Quarkfaunzen.

Fichtenzapfen
Fichtenzapfen sind ein schuppenförmig gemustertes Pfannengebäck aus gekochten Kartoffeln.

Fiez, Fieze
Fiez ist eine Brotschnitte oder Butterbemme; Bähfiez ist eine Brotschnitte, die von Waldarbeitern über einem Holz-

feuer geröstet wurde, Quarkfiez ist eine mit Quark bestrichene Brotschnitte (→ Bemme).

Finkelsprah
Ein „Finkel“ ist im Erzgebirgischen ein kleines bisschen, Sprah bedeutet „Spreu“. Verstanden wird unter Finkelsprah ein dünner Kartoffelbrei, unter den Sauerkraut, gebratene Zwiebeln und Fettgrieben gemischt werden und über den gebratene Blutwurst gestreut wird.

Fitzfädenbrei
Alte regionale Bezeichnung für ein Kartoffelgericht (Altenhain bei Chemnitz). Der Ausdruck bedeutet möglicherweise „verfitzte“ (= ineinander verschlungene) Fäden.

Flecke
→ Kuttelfleck.

Fore, Forelle
Mit einigem Geschick ließen sich früher Forellen in den erzgebirgischen Gebirgsbächen sogar mit der Hand fangen. Sie wurden aber auch in Teichen herangezogen. Heute kommen sie hier und da aus der hauseigenen Zucht erzgebirgischer Gasthöfe. Mit Rotkraut serviert, sind sie eine erzgebirgische Spezialität, wie sie in anderen Regionen nicht zu haben ist.

Fratzen, Fraz
Fratzen wird mancherorts ein im Tiegel locker mit Butter gebackenes Kartoffelgericht genannt. „Fräzen“ oder „freezen“ ist ein altes Wort für füttern, zu essen geben, gebildet von fressen wie etzen von essen oder beitzen von beißen. Fratzen ähneln → Getzen und → Raache Maad.

Freiberger Eierschecke (oder Eierscheck)
Die Freiberger Eierschecke besteht aus einem Hefeteig, der mit einer Masse aus mit Zucker geschlagenem Eigelb bedeckt wird, während die Dresdner Eierschecke drei

Schichten hat: Hefeteigboden, Quarkmasse und Pudding-Eiermasse.

Reinhard Lämmel vermerkt in seinem „Sachsen-Kochbuch“, dass die Quarkmasse erst seit ca. 1920 zur Dresdner Eierschecke hinzugekommen ist und man ein entsprechendes Rezept erst 1939 in einem Backbuch findet.
Rezept → S. 172

Friesrich
Friesrich heißt im Erzgebirge der Schnittlauch (Allium schoenoprasum). Der Ausdruck findet sich schon 1699 im „Schauplatz der natürlichen Merkwürdigkeiten im Meißnischen Obererzgebirge“ von Christian Lehmann (1611–1688).

Gänsebrot'n
Gänse wurden im alten Erzgebirge in allererster Linie zum Rupfen und Federnschleißen gehalten. Nach einem Vierteljahr – wenn „de Federn treich sei“ – werden sie zum ersten Mal, zum zweiten Mal zu Martini bzw. Weihnachten beim Schlachten gerupft. Gänsebraten ist – neben dem Neunerlei – das typische weihnachtliche Festessen.

Gänseklein
Gänseklein mit Reis oder Nudeln ist im Erzgebirge das traditionelle Heiligabend-Mittagessen.

Gekochte Küchel

Gekochte Küchel ist ein mancherorts üblicher Ausdruck für → Quarkkeulchen.

Geldstück

In den → Griegenifften war nach einem Bericht des Volkskundlers Hans Wagler (1905–1988) an Feiertagen gelegentlich ein Geldstück versteckt.

Geschlingk

Geschlingk (Geschlinge) ist eine Nebenform von Schlund und bezeichnet im weitesten Sinne die Brusteingeweide von Schlachttieren (Lunge, Leber, Herz, Niere) außer Magen und Därmen, im engeren Sinne die Lunge.

Getzen

Schon Merkel-Engelhardts „Erd-Beschreibung von Chursachsen" (Leipzig 1804) erwähnt Getzen (auch Gätzen, fälschlicherweise oft Götzen) als Lieblingsspeise der Erzgebirger. Dem Getzen (oberpfälzisch Gätz = Brei) liegt ätzen (= Essen machen) zugrunde. So jedenfalls weiß es das „Wörterbuch der Sächsischen Mundart" von 1908. Getzen gibt es mit verschiedenen Zutaten und in unterschiedlicher Form auf der Basis von geriebenen rohen oder gekochten Kartoffeln oder von Mehl. Sie sind als Hauptgericht beliebt und auch als Nachtisch geeignet.

Im alten Erzgebirge – und möglicherweise noch hier und da regional – ist von speziellen Arten der Getzen die Rede: von Eiergetzen als einer Art Plinsen, von Krapelgetzen, auch → Streuer genannt, von Näppelgetzen, die im Napf gebacken werden, und von Zöpfelgetzen, mundartlich Zäppelgetzen.

Graiple

Graiple ist der mundartliche Ausdruck für Graupeneintopf mit Kartoffeln.

Griefe
Griefe sind würfelförmige Stückchen von ausgelassenem Speck, vom Schwein oder Schöps (→ Bruzln).

Griene Kließ, Griegeniffte
Grüne Klöße sind in Franken, in Thüringen, im Vogtland und im Erzgebirge zu Hause. „Grün" heißen sie, weil sie vorwiegend aus rohen Kartoffeln zubereitet werden. Mundartlich treten sie im Westerzgebirge und im Vogtland auch als „griegeniffte Kließ" auf, was auf niffeln oder niffen für reiben, schaben zurückzuführen ist.
Rezept → S. 34

Grütze
Grütze kommt heute mehr oder minder nur als „Rote Grütze" auf den Speisezettel, gehörte aber in früheren Jahrhunderten zu dem, was täglich gegessen wurde. Das Wort bedeutet „geschrotetes Getreide" und kommt schon im Althochdeutschen vor (gruzzi, gruzze, grutze). Grützbrei wurde aus Buchweizen-, Hafer-, Gerste- oder Hirsekörnern zubereitet.

Im traditionellen Heilig-Abend-Gericht → Neunerlei hat sich der Hirsebrei oder ein sonstiger Grützebrei bis heute sogar als Festspeise erhalten.

Gulasch
Der (oder das) aus Ungarn stammende Gulasch ist über die österreichische Küche und das benachbarte Böhmen ins Erzgebirge eingewandert. Häufig wird er mit den ebenfalls aus Böhmen kommenden Semmelknödeln serviert

(→ Böhmische Knödel). Naheliegend ist eine Kombination des Gulaschfleisches mit den im Gebirge häufigen Waldpilzen (Pilzgulasch).

Gundermann
Die jungen Frühlingsblätter der alten Heilpflanze wurden im Erzgebirge als Wildsalat und zu Kräutersuppen, Nudeln, Omeletts oder in Kräuterquark verwendet.

Gutschmeckgusch, Gutgusch'n
Leckermäuler heißen im Erzgebirge Gutschmeckgusch oder einfach Gutgusch'n. Die Herkunft des Wortes Gusche ist unsicher; es wird sowohl für Tiermäuler wie für den Mund des Menschen benutzt.

Haarig, Harich, Haaring, Haring
Wenn es um Fisch ging, bevorzugten im alten Sachsen die städtischen Oberschichten und der Adel den Süßwasserfisch, vorrangig Karpfen und Hecht. Das „gemeine Volk" verzehrte konservierte Salzwasserfische wie den Hering. So war um 1860 im Erzgebirge Hering mit Kartoffelsalat ein allgemein übliches Wochentagsgericht.
Rezept → S. 64

Hanebutt'n
Die Hecken- oder Hundsrose (Rosa canina) ist in der nördlichen gemäßigten Zone und damit auch im Erzgebirge verbreitet. Der krugförmige Blütenboden reift im Herbst zur leuchtend roten Hagebutte. Aus ihr lassen sich Kompott, Marmelade, Gelee, Tee, Wein, Likör und eine vorzügliche Suppe bereiten.

Hefekließ
Das Gericht Hefeklöße mit Heidelbeeren zählt zu den erzgebirgischen Klassikern.

„Hopsasa, stirbt mei Fraa, nehm ich mir ne ann're, nehm ich mir die Becken Ros, bäckt sie mir en Hefekloß." Lieder wie diese aus der Gegend von Kirchberg (um 1900) zeigen, wie populär diese besondere Sorte von Klößen im Erzgebirge war und wohl noch ist.

Hefekrappel mit Fille
Unter Hefekrappel versteht man in westerzgebirgischen Orten gefüllte Berliner Pfannkuchen.

Hefenmännchen
Hefenmännchen oder Hefensteckel (= Hefenstock) nannte man im alten Erzgebirge einen mit Bierhefe angemachten Weizenteig, der bei Semmeln und ähnlichem Gebäck dieselbe Rolle wie der Sauerteig beim Brot spielte. Heute ist die Bezeichnung Hefestück üblich für einen aus etwas Zucker, 2 Löffeln Mehl und 4 Löffeln Milch zubereiteten leichten Teig, den man in Wärme aufgehen lässt, ehe Zucker, Mehl, lauwarmes Fett, Milch, Salz und verquirltes Ei hinzugegeben werden.

Heringssalat
Heringssalat ist ein typisch erzgebirgisches Gericht. In vielen Familien ist er noch heute Bestandteil der traditionellen weihnachtlichen Speisenfolge → Neunerlei. Die Zutaten Kartoffeln, Äpfel, Sellerie und Rote Rüben kommen auch heute noch bei vielen aus dem eigenen Garten.

Herschpilz
Herschpilz (Hirschpilz) ist die (ober-)erzgebirgische Bezeichnung für die Marone oder das Braunhäubchen.

Hiebeere
Die Hiebeere (Himbeere) oder auch gelegentlich noch Hindbeere hat ihren Namen tatsächlich von der Hinde, der

Hirschkuh. Vielleicht heißt sie so, weil sich in ihrem Gesträuch die Hinde mit ihren Jungen gern barg, vielleicht auch, weil sie sie gerne frisst.

Hirschsauerbraten
Die Familie der Hirsche umfasst u. a. Elch, Ren, Reh sowie Dam- und Rothirsch. Als Hirsch im gastronomischen Sinne wird nur der echte Hirsch, also der Dam- oder Rothirsch bezeichnet. Der „König des Waldes" gilt als das edelste, allerdings nicht schmackhafteste Wildbret. Auf erzgebirgische Art sauer eingelegt, in Rosinen-Mandel-Sauce serviert und klassisch von Rotkohl und Klößen begleitet, ist der Hirschbraten allerdings eine Delikatesse.

Hirsebrei
Hirsebrei ist bis heute in vielen Familien Bestandteil des → Neunerlei. Hirse galt als glückbringende Speise, wohl wegen des Aufquellens der Hirsekörner, wurde aber gerade in Sachsen nicht angebaut – eine Trennung von Anbau und Geltung als Festspeise, wie sie die Volkskunde auch von anderen Gebieten her kennt.

Holunner, Hulanner
Im Erzgebirge wird der Holunner oder Hulanner auf der ersten Silbe betont. Gemeint ist damit der Schwarze Holunder (Sambucus nigra), der in allen Lagen gedeiht. Die Blüten werden für Fliedertee, Sirup, aber auch für Holunderküchlein genutzt; die Beeren werden zu Marmelade, Schnaps, Wein oder zu einer süßen Suppe verarbeitet.

Inselt
Erzgebirgischer Ausdruck für Unschlitt, Talg; Inseltgrumpele sind Schmalzgrieben (→ Bruzln, → Griefe), die man zum Beispiel zu Pellkartoffeln isst.

Kaasmerte, -märte
Kaasmerte ist ein Gericht aus mit Käse gemischten gekochten Kartoffeln und wird in der Pfanne gebacken.

Märte (auch Maat, verwandt mit → Raache Maad) bezeichnete ursprünglich Eingebrocktes von Brot oder Semmeln in Milch, Most oder → Kofent, vermischt mit Zucker, Zimt und anderen Gewürzen, Zitronen oder Beerenobst. Möglicherweise ist das Wort auf die mittelhochdeutsche Bezeichnung merde, mert für Abendbrot zurückzuführen, diese wiederum auf die althochdeutschen merot, merata und merda für Gemisch, Suppe, Speise aus Brot und Wein. Auch das typisch sächsische Wort „Mährde" – für langweiliges Gerede einerseits, Trödelei andererseits – kommt wohl aus dieser Wurzel.

Kalter Maa
Kalter Maa (= Mann) ist nach der älteren Literatur ebenso wie „Warme Fraa" ein Kartoffelgericht. Ein neueres Kochbuch führt unter dieser Bezeichnung ein Gebäck aus Mehl, Margarine und Buttermilch auf.

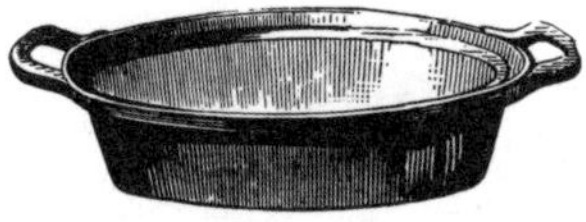

Kartoffelkuchen
Der Kartoffel- oder Ardäppelkuchen ist eine von vielen heiß geliebte erzgebirgische Spezialität, die es ursprünglich nur in der Familie gab, wenn Stollen gebacken wurde.

Er besteht ursprünglich aus Stollenteig (→ Stollen) und Kartoffeln. Beim traditionellen Stollenbacken wird etwas

Teig extra für diesen Kuchen abgezweigt, der – mit reichlich Butter, Zucker und Zimt bestreut – gebacken und noch warm verzehrt wird, natürlich mit einem Töppel Kaffee dazu!
Rezept → *S. 142*

Kartoffelpamps
Für Kartoffelpamps werden gekochte, reichlich geschmalzte Kartoffeln mit dem Holzlöffel zerdrückt und in der Pfanne gebacken.

Kartoffelstückchen
Kartoffelstückchen gibt es im Erzgebirge in zweierlei Form: Entweder werden sie mit Rind- oder Schöpsenfleisch gekocht oder mit braunem Mehl und Essig und/oder eingelegten Gurken sauer zubereitet (→ Braune-Mahl-Ardäppel).

Kirmeskuchen
Der Kirmeskuchen ist ein Hefekuchen, der mit Quarkmasse und Streuseln belegt wird.

Kließsackel
Zum Herstellen von Grünen Klößen (→ Griene Kließ, Griegeniffte) braucht man ein Kließsackel, in dem die Kartoffeln ausgedrückt werden und das Stärkemehl aufgefangen wird.

Klitscher
Unter Klitscher verstand man ursprünglich zerquetschte gekochte Kartoffeln, mit der Handfläche breit geschlagen und in der Pfanne oder als Röhrnklitscher auf der Herdplatte oder in der Ofenröhre gebacken, auch als Quarkklitscher beliebt und mit → Talken und → Quarkkeulchen verwandt. Jedoch werden auch Kartoffelpuffer aus rohen Kartoffeln als Klitscher bezeichnet, die man mit Zucker bestreut verzehrt oder auch als „Saure Klitscher“ mit Sauerkraut vermischt brät.

Knitsch
Knitsch ist im Erzgebirge etwas Zusammengedrücktes oder auch ein Bündel oder Päckchen. Gelegentlich kann man hören: „Die Beeren sitzen in ganzen Knitscheln am Strauch.“ Zum → Beerknitsch ist es dann nicht mehr weit.

Kofent
Kofent ist ein leicht gebrautes Bier (der zweite Aufguss oder Nachguss beim Brauen), wie es früher den einfachen Klosterbrüdern „geschenkt“ wurde (lat. conventus = Kloster, Stift) und im Erzgebirge als preiswertes Getränk weit verbreitet war.

Kräppeln
Kräppeln sind im Erzgebirge entweder (Berliner) Pfannkuchen, Schmalzgebäck oder Hefeklößе (siehe → Hefekrappel). Die Wurzel ist althochdeutsch: crapho = Kralle.

Kratzbeere
Kratzbeere heißt die Brombeere im Erzgebirge; wer diese Beeren zu pflücken versucht, weiß warum.

Krautwickel
Krautwickel sind Krautrouladen: Gewiegtes wird in Blätter von Weißkraut gewickelt.

Krohepfaffer

Krohepfaffer (wohl Krähenpfeffer) heißt mancherorts eine Kartoffelsuppe mit Blutwurst.

Krummbaa

Sauschlachten war im alten Erzgebirge ein besonderer Tag (im mittleren und östlichen Teil → Sauläd), im westlichen Teil „Krummbaa" nach dem gekrümmten Holz genannt, an dem das geschlachtete Schwein an den Hinterbeinen aufgehängt wird.

Krumpele

→ Griefe.

Kuhkäse

→ Quärchl.

Kuttelfleck, Flecke

Kutteln oder Flecke (Kaldaunen) sind die zerschnittenen essbaren Eingeweide des Rindes, die im Erzgebirge süßsauer angerichtet werden, oft werden auch Pilze beigefügt. *Rezept → S. 78*

Latschen

Latschen wird im mittleren Erzgebirge ein Pfannengebäck aus rohen Kartoffeln genannt (→ Klitscher). Das Wort wird auch für ausgetretene Schuhe gebraucht; latschen steht mancherorts im Erzgebirge für quatschen, klatschen, sinnloses Zeug reden.

Leinöl, Leiöl

Leinöl (lat. Oleum lini) wird aus den Samen des Flachses gewonnen. Die zur Ölgewinnung bestimmten Körner – Schlaglein genannt – stammen von den zur Fasergewinnung vor der Reife geernteten Pflanzen. Höherwertig ist das Öl aus den zur Aussaat gezogenen reifen Körnern, der Saatlein. Die Samen werden auf Stampf- oder Mahlwerken oder zwischen Mühlsteinen zerstampft, das so erhaltene Pulver in

Säcken mittels spezieller Werke ausgepresst, in der Regel unter Wärme bis gegen 90 °C. Frisch geschlagenes Leinöl galt im alten Erzgebirge wie auch in Schlesien als Delikatesse und wird noch heute gern mit Pellkartoffeln (→ Runde) und → Zwiebelquark verzehrt. Die althergebrachte Art der Leinölgewinnung kann man im Museum Ölmühle in Pockau miterleben.

Linsentopp
Linseneintopf mit Bratwurst ist ein im Erzgebirge beliebtes Gericht. Die Linse ist eine alte Kulturpflanze aus dem Orient. Im Gegensatz zu anderen Hülsenfrüchten wie Erbsen und Bohnen wird sie im Erzgebirge nicht im eigenen Garten angebaut. Bratwürste gehörten traditionell zu den Festspeisen, wenn Bergleute zusammensaßen und feierten, etwa zum Bergfest oder der weihnachtlichen Mettenschicht.

Liwanzen
Die Liwanzen haben ihre Heimat im böhmischen Teil des Erzgebirges. Es handelt sich um eine tschechische Spezialität. Aus einem mit Zitronenschale und Muskatblüte gewürzten Hefeteig werden kleine flache Pfannkuchen gebacken, die man mit Pflaumenmus bestreicht und mit Zucker und Zimt bestreut.

Luckerhus
Luckerhus ist – wie der Name sagt – eine lockere Speise aus gekochten, in Butter oder Leinöl in der Pfanne gebackenen Kartoffeln, zu der man Kompott isst, ähnlich den → Getzen oder → Raache Maad.

Luckluck
Luckluck wird in älteren erzgebirgischen Liedern der Schnaps genannt. „Luck“ für „gluck“ gibt den Laut beim Schlucken wieder: „Prost, sagt se, un luk luk luk leßt se dos Gläsel Bier nunterläfen“, heißt es z. B. bei dem Bergmann und Steiger Gustav Nötzold (1871–1939) in Heft IV seiner Reihe „Kuhlbröckle“.

Ludeln (= Nudeln)
Ludeln ist der erzgebirgische Ausdruck für Nudeln.

Mehlbrei
Mehlbrei war ähnlich wie → Grütze eine tägliche Speise in alten Zeiten. Er wurde mit gebratenem Speck und Zwiebeln oder süß mit Obst angerichtet.

Mehlklöße
Mehlklöße heißen im Erzgebirge auch Mehlknödel oder Knödel, was auf ihre Herkunft aus der böhmisch-bayrisch-österreichischen Küche deutet. Das Wort Knödel bedeutet eigentlich „kleiner Knoten“.

Melde
Die Melde (Atriplex) gehört zur Familie der Gänsefußgewächse, wächst wild in rund 100 Arten und wird auch angebaut (Altriplex hortensis = Gartenmelde). Im alten Erzgebirge wurde sie wie Spinat zubereitet und war ein häufig gegessenes Gemüse.

Nackete Maad
→ Raache Maad.

Neunerlei
Das stets ein wenig geheimnisumwitterte „Neunerlei“ kommt bereits in der ursprünglichen Fassung des Heilig-Ohmd-Liedes aus der Zeit um 1825 vor. Aus welchen Bestandteilen allerdings es sich zusammensetzt, dazu gibt es regional und familiär ganz unterschiedliche Überlieferungen.

Eine auf einer Befragung aus dem Jahre 1936 beruhende Verbreitungskarte der Speisen am Heiligen Abend belegt, dass Neunerlei-Gerichte vor allem im westlichen und mittleren Erzgebirge, Siebenerlei-Gerichte dagegen im östlichen Erzgebirge bis ins Elbsandsteingebirge verbreitet waren. Sieben und neun gelten seit alters als heilige Zahlen, zumal die Neun eine Steigerung der ebenfalls heiligen Drei ist.

Der Gründer des Erzgebirgsvereins, August Ernst Köhler (1829–1903), führte das neunteilige Festessen am Vorabend des Ersten Weihnachtsfeiertages auf christliches Brauchtum zurück: „Das vorweihnachtliche Fasten, seit dem Mittelalter im kirchlichen Verständnis als Freudenfasten aufgefasst, formte wahrscheinlich den Brauch, das Hochfest mit einem reichlichen, aber fastengerechten Essen vorzubereiten.“

Niklaszopf
Der Niklaszopf als erzgebirgisches Festgebäck wird schon von Moritz Spieß (*1820) im Jahre 1862 erwähnt. Es handelt sich um ein Gebildbrot, also ein freihändig, nicht durch eine Model geformtes Gebäck, das wohl auf alte Kultspeisen zurückgeht. In Annaberg sind Niklaszöpfe nach wie vor im Advent eine Woche lang bis zum Nikolaustag (6. Dezember) zu haben.

Ölbutter
Ölbutter ist ein Röstmehl als Zugabe zu Pellkartoffeln.

Packs
→ Backes, Backs.

Pamps, Pampus
→ Bambes.

Pfaffernüsseln, Pfafferkuchen
Pfeffernüsseln kommen heute überwiegend aus der Gebäckfabrik. Hier und da gibt es noch Bäcker, die wie früher diese Advents- und Weihnachtsküchlein selbst anfertigen. Bis in die 80er-Jahre des 20. Jahrhunderts wurde im Erzgebirge solche handgefertigte Ware gern mit den hübschen „Stammbuchblümlein“ (Oblaten) aus Glanzpapier geschmückt.

Pfanne
Pfanne ist ein anderer Ausdruck für → Bambes (= Kartoffelpfanne).

Pfannekloß
Andere Bezeichnung für → Bambes.

Pfannenzudel
Der Pfannenzudel ist mit der → Zudelsupp verwandt. Moritz Spieß (*1820) beschrieb ihn 1862 als Gebäck aus Kartoffeln, Mehl und Milch. Vermutlich besteht eine sprachliche Verwandtschaft zu „Zottel“, zumal der Zottelbär mundartlich auch Zudelbär genannt wird.

Pfefferkuchenfrau
Pfefferkuchenfrauen werden aus Pfefferkuchenteig gebacken. Sie erinnern an die Verkäuferinnen, die früher im Erzgebirge mit dem Spankorb umherzogen. Unsterblich wurde die Figur durch Kurt Arnold Findeisen (1883–1963), der sie in seinem „Lustigen Weihnachtslied“ samt „ihrem Mann aus Olbernhau“ verewigt hat. „Cruttendörfer Pfafferkuchenmänner“ erwähnt der erzgebirgische Heimatdichter Max Wenzel im Vorwort seiner Erzählsammlung „Räucherkerzeln“. In Crottendorf wurden noch zu DDR-Zeiten Ausstechformen hergestellt.

Plinsen
Die im Erzgebirge und ganz Sachsen so beliebten Plinsen sind slawischen Ursprungs. Sie heißen auf Russisch „Blini“, im Oberwendischen „Flinze“. Die dünnen, flachen Kuchen müssen nicht wie z. B. Klitscher direkt aus der Pfanne serviert werden. Man kann die fertig gebackenen Plinsen in einer bedeckten Terrine oder Kasserolle zum Verzehr bereitstellen. Dann ziehen Zimt, Zucker und Butter ein und verleihen den Plinsen den besonderen Geschmack, der sie von allen anderen Pfannengebäcken unterscheidet.

Preiselbeere
Im Erzgebirge weniger verbreitet als die → Schwarz- oder Heidelbeere, ist die Preiselbeere aber ebenso geschätzt. Der Name ist aus einer im Tschechischen, Polnischen und Russischen verbreiteten Bezeichnung für „streichen, streifen“ abgeleitet. Es handelt sich also um eine Beere, die sich leicht von ihren Stängeln abstreifen lässt.

Quärchel
Der Quärchel ist ein kleiner, oft hausgemachter Käse vornehmlich in Stangenform, der aus Quark hergestellt wird. Quärcheln waren im alten Erzgebirge so verbreitet, dass ein Klöppelspitzenmuster nach ihnen benannt wurde.

Quark
Quark in jeder denkbaren Variante war eine Hauptspeise im alten Erzgebirge, in der einfachsten Form mit Zucker oder mit Kräutern angemacht. Noch heute erfreuen sich Pellkartoffeln mit Quark und in der üppigeren Form auch mit Leberwurst besonderer Beliebtheit. Quark ist die Grundlage für Quarkbrezeln, → Quarkkeulchen, Quarkklößchen und verschiedene Kuchen einschließlich der → Eierschecke in ihrer Dresdner Form.

Quarkfaunzen
Quarkfaunzen sind eine Art → Quarkkeulchen. Faunzen bedeutet eigentlich Ohrfeige.

Quarkkeulchen
Beileibe nicht jede erzgebirgische Spezialität gibt es auch im übrigen Sachsenland. Quarkkäulchen oder Quarkkeulchen (beide Schreibweisen kommen vor) freilich muss sich das Erzgebirge mit dem übrigen Sachsen teilen. Böhmisch heißen sie „Kulka“, also ist nicht auszuschließen, dass es sich um einen Import aus dem südlichen Nachbarland handelt. Weitgehend verschwunden ist das Wort Käulchen als Bezeichnung für die runden grünen Früchte der Kartoffelpflanze. Die waren mindestens bis 1900 ein beliebtes Spielzeug, das schon bei Luther erwähnt wird. Knaben steckten sie an die Spitzen von Ruten und schnellten sie fort. Daher wurden sie auch Apernschneller oder Schnellkäulchen genannt.

Raache oder Rauche Maad
Die berühmten „Raache Maad“ oder auch „Nackete Maad“ sind sprachlich ungeklärten Ursprungs, vielleicht hervorgegangen aus dem Wort „Märte“ (→ Kaasmärte) für Eingebrocktes (→ Eibrock) in Milch, Most oder → Kofant, dem früher auch im Erzgebirge weit verbreiteten leichten, dünnen Bier. Es handelt sich um gequetschte oder geriebene, vorwiegend fettarm gebackene gekochte Kartoffeln, ohne weitere Zutaten („nacket“).

Rährnkuchen

Der Rährnkuchen oder auch Rährnkloß, ein Kuchen von geriebenen und platt gedrückten Kartoffeln, wurde auf dem Blech in der Ofenröhre gebacken, daher der Name. Man kann die flachen Plätzchen von beiden Seiten auch auf der Ofenplatte oder in der Pfanne backen.

Ranftel

Ranftel oder Ränftel heißt das Endstück des Brotes.

Ranzendrucker

Ranzen bedeutet im Obersächsischen allgemein (vollgestopfter) Bauch oder Magen. Drucker ist verwandt mit „etwas verdrücken" (= unnötig viel essen). Ranzendrucker sind Klößchen aus Mehl und Buttermilch, mit Backpulver oder Hefe als Triebmittel im Ofen gebacken und mit Butter, Fett oder Marmelade verzehrt.

Rawinzel, Rewinzel

Die possierliche mundartliche Bezeichnung Rawinzel für die ebenso possierlichen „Rapunzeln" geht auf das mittellateinische „rapuntium" zurück, was so viel wie Baldrianwurzel bedeutet. Tatsächlich gehört die kleine Salatpflanze mit den in Form einer Rosette angeordneten, grundständigen Blättern zu den Baldriangewächsen. Sie kommt wild vor; heute wird sie zum Verzehr angebaut (Echter Feldsalat, Valerianella locusta).

Rimsremsln
Rimsremsln ist ein alter regionaler Ausdruck für Bratkartoffeln (Altenhain bei Chemnitz).

Runde, Pellkartoffeln, Schölerardäppeln
„Runde" sind Pellkartoffeln in der Schale. Sie werden in der einfachsten Form nur mit Leinöl serviert. Zwiebelquark dazu ist schon eine Steigerung (→ Quark) und zusätzlich Butter und Leberwurst eine weitere. Ein erzgebirgischer Klassiker! Schölerardäppeln geht auf den „Schöler" oder „Schäler", das Gerät zum Schälen, zurück. In der Zwickauer Gegend wird „Schäler" für Kartoffelschalen gebraucht. „Mit Mantel" heißen Pellkartoffeln, die mit Schale verzehrt werden.

Rutkraut
Rotkraut, der rote Kopfkohl, ist jünger als der weiße. Im Erzgebirge gehört er nach wie vor eher zu den Sonntags- als zu den Alltagsspeisen. Festliche Fleischspeisen kommen zumeist mit Rotkraut daher.

Saubaa
Unter Saubaa versteht man im Erzgebirge gepökeltes Schweinebein.

Sauerbraten
Sauerbraten wird um 1880 im „Glückauf", der Zeitschrift des Erzgebirgsvereins, als klassisches Erzgebirgsgericht erwähnt. Wie viele Festspeisen kommt der in Essig marinierte Braten in Begleitung von Rotkraut und Klößen auf den Tisch, früher beileibe kein Alltagsgericht, sondern am Donnerstag eingelegt und am Sonntag verzehrt.

Sauerlump
Sauerlump heißt der Sauerampfer. Die jungen Blätter und Schösslinge wurden früher im Erzgebirge als Zusatz zu traditionellen Kartoffel- oder Linsensuppen verwandt.

Sauläd
→ Krummbaa.

Saure Ardäppel
→ Kartoffelstückchen mit Essig und/oder Gewürzgurken.

Schiebböcker
Mit dem Schiebbock wurden im alten Erzgebirge einheimische Erzeugnisse z. B. aus Holz transportiert und sogar zu Fuß bis nach Leipzig zur Messe gebracht. Der Schiebbock war ein einfacher Karren mit nur einem Rad. Der Aufbau wurde über das Rad nach vorn herausgezogen. Dadurch lag beim beladenen Karren das Gewicht weit vorn, das erleichterte das Schieben.

Für die schlecht bezahlten „Schiebböcker" hielten die Gastwirte einen einfachen, selbst gemachten Kochkäse bereit, der mit Schwarzbrot, Butter und einem Bier dazu serviert wurde. Dieses einfache, schmackhafte Abendessen kostete nur drei Pfennige. Die Bezeichnung wurde neuerdings von einem erzgebirgischen Produzenten auf eine Dauerwurst übertragen.

Schladeregucks
Der Begriff Schladeregucks kommt vermutlich von Schlotter (ungekochte, gesäuerte Dickmilch). Rohe, geriebene Kartoffeln werden gut gewürzt und locker gebraten. Man fügt ausgelassenen Speck und nach Belieben kleine Pilze oder Preiselbeeren hinzu.

Schmerbrudel
Schmerbrudel (= Schmerbrödchen) ist ein alter mittelerzgebirgischer Ausdruck für das in Brotform gedrückte, noch nicht ausgelassene Fett des Schweins, das auch Ling oder Lingel genannt wurde.

Schneeberger Knappenwurst
Schneeberger Knappenwurst ist eine heute wieder nach einem alten Rezept produzierte Spezialität, die nach Angaben des Herstellers 1477 zum Besuch von Herzog Albrecht zu Sachsen in der Bergsstadt Schneeberg kreiert wurde.

Schöps
Schöps für „Hammel“ ist slawischen Ursprungs. Das Wort bezeichnete ursprünglich einen verschnittenen Schafbock. Möglicherweise ist es aus dem Tschechischen in unsere Region gekommen, denn es findet sich nur im sächsischen und bayrischen Grenzraum. Infolge der intensiven Schafhaltung durch den Landesherren, den Adel und bäuerliche Betriebe war die Versorgung früher leidlich, wenn auch Schafe aus anderen sächsischen Regionen ins Erzgebirge importiert werden mussten.
Rezept → S. 100

Schwamme
Schwamme oder Schwämme heißen im Erzgebirge allgemein die Pilze. In den Wäldern finden sich u. a. Ziegenbart oder Hasenöhrlein, Röstlinge oder Reizker, Morcheln, Hallimasch, Pfifferlinge, Butterpilze, Maronenpilze, Birkenpilze

und Steinpilze. Die „Schwammegieher" bringen sie in Körben nach Hause. Dass die Erzgebirger Pilze in jeder Zubereitungsart verzehren und ihre Würzkraft zu schätzen wissen, bedarf in dieser waldreichen Landschaft keiner Erläuterung. *Rezept → S. 128*

Schwartel, Schwärtel
Schwarte ist ein auch im Erzgebirge üblicher Ausdruck für die Haut. Von der Speckschwarte – der dicken Schale des Schinkens – ging der Ausdruck auf zu räucherndes Schweinefleisch über. Ein „Schwartel Flaasch" ist ein Stück Schweinefleisch, das Wellfleisch. Schließlich hieß „in de Schwarteln loden" zum Schlachtfest einladen.

Schwarzbeere
Schwarzbeere heißt allgemein im Erzgebirge die Heidelbeere, so erwähnt sie schon der Erzgebirgschronist Christian Lehmann (1611–1688). Man verwendet sie für Kuchen, für Suppen und als Kompott, vornehmlich zu Hefeklößen.

Schweinefleisch
Im alten Erzgebirge war die Schweinehaltung für den Hausbedarf und für den Verkauf weit verbreitet und galt als „wesentlicher Bestandteil der ländlichen Wirtschaftsweise" (von Süßmilch-Hörnig, Das Erzgebirge, 1889), wenn auch zusätzlich größere Mengen Schweine vornehmlich aus Nordostdeutschland importiert werden mussten. Dennoch war Schweinefleisch im alten Erzgebirge eher ein Gericht für Ausnahmetage. Darauf weisen auch Klöße sowie Rot- und Sauerkraut als Begleiter hin.

Semmelgeräusch
Semmelgeräusch ist ein in der Röhre zu backendes Gericht aus Semmeln oder Weißbrot mit Eiermilch, das auch als Beikost zu Pellkartoffeln passt. Geräusch ist ein veraltetes Wort für Gestrüpp, verwendet z. B. in Kartoffelgeräusch (= Kartoffelkraut). In der Jägersprache steht es für Herz, Leber und Lunge des Schalenwildes.

Semmelgriefen
Semmelgriefen sind in heißem Fett geröstete kleine Semmelwürfel zur Bereitung der Kartoffelklöße.

Semmelknödel
Semmelknödel werden – wie der Name sagt – aus Semmeln (vom Vortag) hergestellt, der Kloßteig entsteht, wenn den gewürfelten Semmeln Eier und Milch zugegeben werden (→ Böhmische Knödel).

Semmelmilch, Semmelmillich
In fast keiner der vielen schriftlich oder in Familien mündlich überlieferten Zusammenstellungen der geheimnisumwitterten weihnachtlichen Festspeise → Neunerlei fehlt sie, die Semmelmilch. Und nur im Erzgebirge hat es sich erhalten, das Neunerlei. Jede der aufgetragenen Speisen hat eine symbolische Bedeutung. Oft beginnt oder schließt das Mahl mit der Semmelmilch, der unter anderem zugeschrieben wird, dass sie Schönheit verleiht und die Klöppelspitze weiß bleiben lässt. Werden Nüsse hinzugefügt, so bedeuten sie keimendes Leben. Eine enge kulinarische Verwandtschaft besteht mit den niederschlesischen „Mohnklißla" – in Milch eingeweichte Semmeln mit Mohn.

Spalken, Spalten
Der ursprünglich vogtländische Ausdruck ist ins Erzgebirge eingewandert und bedeutet das Zerteilen (Spalken, Spalten) der ungekochten Kartoffel; im Vogtland für jede Art zerkleinertes Gemüse verwendet.

Speckklöße
Speckklöße sind Mehlklöße, in deren Teig ausgelassener Speck, Zwiebeln, Petersilie und → Friesrich eingearbeitet werden.

Staagerieder
Staa sind Steine, Gerieter ist das Gereute, man versteht darunter im Erzgebirge einen mit Steinblöcken besäten Berghang. Als Gericht verbirgt sich unter diesem Ausdruck eine Pfanne mit in Speck gebratenen, rohen, klein geschnittenen Kartoffeln, die mit klein gewürfelter Blutwurst gemischt, mit Eiermilch übergossen und im Ofen gebacken werden.

Stampen, Stamper, Stamps
Unter Stamps oder Stampen versteht man einen dicken, relativ trockenen Brei aus gestampften Kartoffeln, der mit Salz und Butter durchgerührt und heiß gegessen wird.

Stockfisch
Der im Freien heute noch vornehmlich in Norwegen getrocknete Stockfisch war wegen seiner Transportfähigkeit auch im alten Erzgebirge anzutreffen. Er hat in der erzgebirgischen Küche nicht überlebt, jedoch in der Umgangssprache: Unter „Stockfisch“ wird bis heute entweder ein Pantoffelheld, ein ungewandter Mensch oder ein Dummkopf verstanden.

Stollen
In keinem Erzgebirgshaushalt fehlt der Weihnachtsstollen. Die hierzulande gebräuchliche Form ist die des „gerissenen“ Stollens, der in seiner ganzen Länge aufgeschnitten wird. So wurde er auch am sächsischen Hof verzehrt und nicht in der in Dresden früher üblichen geschlagenen Form mit dem erhöhten Kamm über die ganze Länge.
Rezept → S. 142

Stollhos, Kaninchen
Dass der „Stollhos“ (Stallhase) auch „Kuhhos“ genannt wurde, lässt ahnen, welche Bedeutung ihm am Familientisch zukam. Er wurde gehalten, wenn man kein eigenes Schwein (→ Schweinefleisch) oder keine Ziege (→ Zickel) herausfüttern konnte. Gekonnt zubereitet ist Kaninchenbraten auch heute ein Festessen.

Stopper
Stopper oder Rupper (Rupfer) ist ein Backwerk aus Gerstenmehl mit Speckwürfeln; mancherorts wird aber ein Gericht aus rohen oder gekochten geriebenen, in der Pfanne gebackenen Kartoffeln so bezeichnet.

Streuer, Straa(e)r
Streuer sind ein Gebäck aus Mehl und geriebenen Kartoffeln. Sie heißen so, entweder weil sie mit Eiern in die Pfanne gestreut oder weil sie nach dem Backen mit Zucker bestreut werden (→ Getzen).

Talken
→ Dalken.

Tiegelwurst
Oma Paulas Tiegelwurst wird von dem Fleischer Karsten Schwedler in Markersbach hergestellt, der das Rezept einem handgeschriebenen Rezeptbüchlein seiner Großmutter Paula Schwedler entnommen hat.

Vugelhei
Unter Vugelhei ist ein Gericht aus gerösteten Brotwürfeln zu verstehen, über die geklöpperte Eiermilch gegossen und ähnlich wie Rührei gestockt wird. Man isst dazu Kompott oder eingezuckerte Früchte.

Waldbeeren
Die → Hiebeere, → Kratzbeere, → Preiselbeere und → Schwarzbeere bilden das erzgebirgische Waldbeeren-Quartett. Als Hauptgericht oder Nachtisch, auch Eingemachtes genannt, waren Beeren (ungekocht oder eingemacht) mit Milch vermischt üblich und bei Kindern sehr beliebt.

Warme Fraa
→ Kalter Maa.

Wasserbraazen
Wasserbraazen sind Brezeln aus Weizenmehl, Wasser und Salz, die als ein Laugengebäck in Wasser gekocht, mit Natronlauge bestrichen und auf einem Blech gebacken werden. Sie werden wie → Eibrock in Kaffee eingeweicht und mit Zucker bestreut.

Wasserbums
Wasserbums ist ein regionaler Ausdruck für eine Art → Getzen.

Wegwarte
→ Cichorie.

Wiesenknöterich
Wiesenknöterich ist eine alte Heilpflanze, in Notzeiten wurden die Blätter als Wildgemüse und Spinat, der geriebene Wurzelstock als Mehlersatz verwendet.

Wildhasenbraten
Wie man Hasen fängt und zubereitet, war jedem Erzgebirger bekannt, der als Treiber auf einer Jagd dabei war. Und nicht nur der Stülpner-Karl trat als Wildschütz auf. So mag mancher Sonntig-Brotn auf nicht ganz legale Weise in die Röhre gelangt sein. Bequemer ist natürlich der Einkauf im Fachgeschäft.

Wildschweinbraten
Ein erzgebirgisches Wildrevier hieß Sauwald. Wildschweine wurden auch in Saugärten gehalten, bis man sie herrschaftlichen Jägern vor die Flinte trieb. Und auch heute noch sind Wildschweine im Erzgebirge zu Haus. So mancher zieht den Braten vom Wild- dem vom Hausschwein vor.

Zäppelmilch
Zäppelmilch ist ähnlich der → Semmelmilch eine Milch mit Semmelstückchen; ihr werden Rosinen beigefügt.

Zichorie
→ Cichorie.

Zickel
Ziegen waren im alten Erzgebirge die „Kuh des kleinen Mannes“ und wurden möglichst lange als Melkvieh genutzt. Einmal im Jahr aber wurde ein Zickel, also eine junge Ziege, geschlachtet.

Ziegenkäse
Die Erzgebirgsziege – eine Rasse mit braunem Fell und dem charakteristischen schwarzen Aalstrich auf dem Rücken – steht auf der Roten Liste der gefährdeten Arten. Sie war früher im Erzgebirge weit verbreitet. Daran erinnert das „Ziegenfest“ der Gemeinde Steinbach (heute Ortsteil von Jöhstadt). Dabei kommt auch der Ziegenkäse zu seinem Recht, von dem schon Christian Lehmann (1611–1688) in seinem posthum erschienenen „Historischen Schauplatz“ berichtet. Er zählt ihn zu den „Leckerbißlein“ und erwähnt namentlich den von Abertham (heute tschechisch Abertamy). Weil die Ziegen vorzugsweise Gras und Wildkräuter fraßen, hatte der echte erzgebirgische Ziegenkäse eine grünliche Färbung.

Zuckerkuchen
Der Zuckerkuchen ist mit dem Kartoffelkuchen verwandt, der beim Stollenbacken quasi nebenher anfällt und aus Stollenteig besteht, dem gekochte, geriebene Kartoffeln beigegeben werden. Ihn gibt es freilich nur in der vorweihnachtlichen Backzeit, den köstlichen Zuckerkuchen aber das ganze Jahr.

Zudelsupp
Die Zudelsupp ist eines der für das Erzgebirge typischen, sehr einfachen Gerichte. Sie ist aus geriebenen Kartoffeln und Fleisch- oder Gemüsebrühe schnell zubereitet, z. B. wenn überraschend Gäste kommen, und hat sich auch in Notzeiten bewährt. „Zudel“ kommt wohl von „Zotteln“ (→ Pfannenzudel).

Erklärung mundartlicher Ausdrücke

Bei Eigennamen wird im Erzgebirge der Nachname dem Vornamen vorangestellt. Hier werden nur Spitznamen erläutert. Die in den Texten erwähnten Speisen werden im „Erzgebirgischen Küchen-ABC“ ab Seite 179 erklärt.

Ammisch	Amsel
Baampieperle	Baumpieper
baasit	beiseite
Backdrahsch	Geschäftigkeit (beim Backen)
Beerleit	Beerensammler
Beitelmaas	Beutelmeisen (kleine, wertlose Münzen)
sich betschackern	sich vollmachen, -pissen
Blaathol	Blauenthal
Brägeln, bregeln	(das) Braten
Broten	Braten
Brudel	Brötchen
But	Bote
Crutendorf	Crottendorf
Däl	Teil
dingenauf	bergauf
Dohg	Tag
Draasch	übertriebene Geschäftigkeit
Echerle	Eichhörnchen
Efach	einfaches Bier
Flunsch	schief gezogener Mund
fünkel	ein bisschen

Gackenkrogn	Jackenkragen
gedehsche	kleinlaut
Gelange	Verlangen
gelanglich	begehrlich
Gelosschrank	Glasschrank
Gemaar	Trödelei
Geneesch	Genörgel
Gewerch	Gewürge, im Sinne von Gedränge, Durcheinander
Grautschak	graue Gans
Grienert	Krinitz, Kreuzschnabel
Gulus, Gulius	Julius
Haaklnodl	Häkelnadel
Hamdackeln	betreten nach Hause gehen
Hansgörgnstadt	Johanngeorgenstadt
heiern	heiraten
Herld	Herold (Ortsname)
Holzpfaarl	Holzpferdchen
Husch	kurze Zeit

Kasterol	Kasserolle
Katscherei	Herumkauen
Kermst	Kirmes
Klumpatsch	nicht aufgegangene Teigmasse
Krahlertsen	Kratzer, Striemen
Krampel	Krempel
krawallet	lärmend
Krax	Kraxe, Rückentrage
Kreiterich	Kartoffelkraut
lappern	Verlangen nach etwas Leckerem haben

läppert	auf etwas Appetit haben
Lut	Lot (alte Gewichtseinheit, zumeist $^{1}/_{32}$ oder $^{1}/_{30}$ Pfund)
grußer Maaz	großer Max
Mannelkuchen	Mandelkuchen
Meirer	Maurer
Mong	Magen
när	nur
Nappel	kleiner Napf
Neege	Rest, Speise- oder Getränkerest
Neigrosch	Neugroschen (alte Münze im Wert von 10 Pfennigen)
nochert, noochert, noort	nachher
Obertaal	Oberteil
Obndmohlsröckl	Abendmahlsrock
oder	aber
olber	albern
Os	Oskar
Pelzgack	Pelzjacke
Posten	Postamt
Pothvetter	Gevatterpat, Pate, der bei einem Kind des einstigen Patenkindes wiederum Gevatter steht
prägeln	fahren
propenieren	in närrischer Weise über etwas reden, vor sich hinreden
Quatschern	Geräusch beim Braten

Querlstiel	Quirlstiel
Raspel	Abfall vom Docht einer Kerze
Ruhrsparlich	Rohrspatz
rümzotteln	(herum)laufen
Schafle	kleine Brocken
Schalle	Schale, Tasse
schieten	schütten (im Sinne von „reichlich vorhanden sein“)
Schlaz	Schlitz, Riss
schmaunken	umherschleichen
Schmingerle	ein bisschen Fett, Butter
Schneppe	Schnepfe, verächtliches Wort für Frau
sette	solche
spreißeln	zornig werden, zanken
Stachkastn	Stechkasten
Stangezipp	Drossel
Tampel	Fleck
tratschen	herumlaufen
weßderhole	weiß der Hole (Teufel)
Zipp	Singdrossel
Zippelpelzehregott	Zipfelpelz (Schafspelz ohne Überzug, eigentlich Pelz von Lämmerschwänzen), hier: Spitzname (der Zipfelpelz-Ehregott)
zweimännisch	für zwei Personen bestimmt

Für das „Erzgebirgische Küchen-ABC“ benutzte Literatur

Ehrhardt Heinold: Ardäppelsupp und Zwiebelquark. Die schönsten Rezepte aus dem Erzgebirge. 3. Auflage. Husum: Husum Druck- und Verlagsgesellschaft 2009

Reinhard Lämmel: Das Sachsen-Kochbuch. Ein Gang durch die Historie der sächsischen Essgewohnheiten. Husum: Husum Druck- und Verlagsgesellschaft 2007

Erhard Liebscher: Über das Essen und die Tischsitten der Bauern vor einem Dreivierteljahrhundert. In: Glückauf 119. Jahrgang Nr. 1, Januar/Februar 2009

Karl-Heinz Melzer: Ein Lob der Erzgebirgs-Ziege. In: Erzgebirgische Heimatblätter 2009/3

Karl Müller-Fraureuth: Wörterbuch der obersächsischen Mundarten. Band I und II. Leipzig: Zentralantiquariat der DDR 1968. Reprint der Ausgabe von 1911 und 1914 (Dresden: Baensch)

Curt Müller-Löbau: Vom lieben Essen im Gebirge. In: Mitteilungen des Vereins für Sächsische Volkskunde und Volkskunst. 8. Band 1919, S. 40–44 und 57–68

Uwe Schirmer: Ernährung im Erzgebirge im 15. und 16. Jahrhundert. Produktion, Handel und Verbrauch. In: Rainer Aurig u. a. (Hrsg.): Landesgeschichten in Sachsen. Tradition und Innovation. Dresden: Landeszentrale für politische Bildung 1997

Bernd Schöne: Ernährungslage und Nahrungsgewohnheiten von Textilproduzenten im Erzgebirge und Vogtland im 18. und 19. Jahrhundert. In: Volkskunde in Sachsen. 1. Jahrbuch. Dresden: ISGV/Thelem 1996

(Bernhard) Moritz von Süßmilch gen. Hörnig: Das Erzgebirge in Vorzeit, Vergangenheit und Gegenwart. Annaberg: Graser 1889

Günter Wiegelmann: Alltags- und Festtagsspeisen. Wandel und gegenwärtige Stellung. Marburg: Elwert 1967 = Atlas der Deutschen Volkskunde. Neue Folge. Beiheft 1

Kurzbiografien der Autoren/Autorinnen und Quellenangaben

Manfred Aurich **S. 128**
*1960. Von Beruf Einsteller; Mitarbeit an der Chemnitzer Literaturwerkstatt der „Freien Presse".
Der Himmel dort oben auf dem Regal. In: Ulrich Hammerschmidt/Wilfried Hub (Hrsg.): Der Himmel dort oben auf dem Regal. Aus der Literaturwerkstatt der „Freien Presse". Chemnitz: Chemnitzer Verlag 1994, S. 9.

Grete Baldauf-Würkert **S. 68, 104**
*1878 in Sorgau, † 1962 in Sorgau, heute Ortsteil von Zöblitz. Haus- und Wirtschaftsgehilfin, Studium, Lehrerin für Deutsche Sprache und Literatur. 1903 Heirat mit dem Arzt Dr. Würkert in Dresden; wurde als „die Dichterin des Flöhatales" bekannt. Ihr 1900 erschienener Gedichtband „Lieder des Mädchens aus dem Volke" erlebte acht Auflagen. Mitarbeit an Peter Rosegges Zeitschrift „Heimgarten". Historische Erzählung „Das Höhlenmärchen"; Reiseskizzen; Gedichte, Geschichten, Erzählungen, Volksstücke und Schwänke mit erzgebirgischem Hintergrund. Eine Auswahl erschien unter dem Titel „Erzgebirgsheimat" 1996.
Großes und kleines Schweineschlachten. In: Walter Findeisen (Hrsg.): Erzgebirgischer Heimatkalender 1943. Olbernhau: Drei-Tannen-Verlag 1940, S. 43–45.
Der falsche Schweinebraten. In: Erzgebirgsheimat. Leipzig: Sachsenbuch 1996, S. 32–37.

Siegfried Barth **S. 99**
*1953 in Lauter/Erzgebirge. Lebt als selbstständiger Tischlermeister in Lauter; schreibt und komponiert Lieder vorwiegend in erzgebirgischer Mundart als Mitglied der Heimatgruppe „Lauterer Spakörble" (www.spakoerble.de).
Schlemmerlied. In: Für jed'n wos. CD. Lauter: Lauterer Spakörble 2008, Lied Nr. 8.

Friedrich Maximilian Bergfeld **S. 116**
*1864 in Wildenfels, † 1934 in Zwickau. Lehrer und Schulleiter; schriftstellerische Tätigkeit: Veröffentlichungen zu pädagogischen, philosophischen und psychologischen Themen sowie zum Erzgebirge.
De Beerleit. In: Horst Henschel (Hrsg.): Singendes Land. Leipzig: Hofmeister 1939, S. 17. Das Gedicht wurde vom Autor vertont und als Liedpostkarte Nr. 39 im Kunstverlag Wilhelm Vogel, Schwarzenberg, veröffentlicht.

Manfred Blechschmidt **S. 27, 49, 53, 60, 109, 151**
*1923 in Bermsgrün. Waldarbeiter, Förster, VHS-Direktor, langjähriger Leiter des Erzgebirgsensembles Aue; Herausgeber von Mundartanthologien, Autor zahlreicher hochdeutscher und mundartlicher Texte mit erzgebirgischen Themen sowie zahlreicher heimatkundlicher Aufsätze in Zeitungen, Zeitschriften und Kalendern. Lebt in Erla, einem Ortsteil von Schwarzenberg.
Überliefert, aufgezeichnet von Manfred Blechschmidt:
Kließassen. In: Sachsen braucht kenn König meh! Leipzig: Sachsenbuch 1994, S. 92.
Dr Balzer-Kar. In: Sachsen braucht kenn König meh! Leipzig: Sachsenbuch 1994, S. 62.
De Füttering. In: Sachsen braucht kenn König meh! Leipzig: Sachsenbuch 1994, S. 44/45.
Die habn enn olbern Frohß. In: Sachsen braucht kenn König meh! Leipzig: Sachsenbuch 1994, S. 62.
Is de Katz außer Haus. In: Sachsen braucht kenn König meh! Leipzig: Sachsenbuch 1994, S. 66.
Kaffeewasser huln. In: Sachsen braucht kenn König meh! Leipzig: Sachsenbuch 1994, S. 91.

Wolfram Böhme **S. 164**
*1937 in Zöblitz. Studium der Theologie, Dozent, Sprecherzieher, Dr. Dr.; Autor von über 600 Gedichten, teilweise in Mundart. Sein Hauptthemenfeld ist die erzgebirgische Weihnacht. Außerdem Verfasser von Krippen-, Passions- und Pfingstspielen. Lebt in Zöblitz.
Pfefferkuchen. In: Steiger, Engel, Räuchermann. Leipzig: Thomas 1999, S. 36.

Oskar Dähnhardt **S. 34, 50, 64, 100, 139, 172**
*1870 in Kiel, † 1915 bei Ypern. Germanist und Altphilologe. Gymnasiallehrer zu St. Thomas, 1910 bis 1915 an der Nikolaischule in Leipzig; Erzählforscher, Sammler und Herausgeber von Märchen, Sagen und Volksgeschichten sowie von volkstümlichen Sprüchen, Texten und Erzählungen.
Überliefert, aufgezeichnet von Oskar Dähnhardt:
Erdäppel recht viel uff mei Tischerl … In: Volkstümliches aus dem Königreich Sachsen. Zweites Heft. Leipzig: Teubner 1898, S. 55.
Eins, zwei, drei … In: Volkstümliches aus dem Königreich Sachsen. Erstes Heft. Leipzig: Teubner 1898, S. 34.
Madel, steh auf … In: Volkstümliches aus dem Erzgebirge. Zweites Heft. Leipzig: Teubner 1898, S. 55.
Mei Mutter kocht Nudeln … In: Volkstümliches aus dem Erzgebirge. Zweites Heft. Leipzig: Teubner 1988, S. 55.
Heichen, heichen … In: Volkstümliches aus dem Königreich Sachsen. Erstes Heft. Leipzig: Teubner 1898, S. 1.

Fritzes Fritze. In: Volkstümliches aus dem Königreich Sachsen. Erstes Heft. Leipzig: Teubner 1898, S. 54.
Lieber, frommer, Heil'ger Christ ... In: Volkstümliches aus dem Königreich Sachsen. Erstes Heft. Leipzig: Teubner 1898, S. 75.
Dreimal, dreimal um das Haus. In: Volkstümliches aus dem Königreich Sachsen. Erstes Heft. Leipzig: Teubner 1898, S. 51.

Stephan Dietrich (Saafnlob) **S. 39, 75, 122**
*1898 in Eibenstock, † 1969 in Hagen/Westf. Lehrer; Mundartdichter, vertonte seine Lieder selbst. Autobiografie: „Die Melodie der Heimat. Meine Kindheit und Jugendjahre im Erzgebirge" (1995).
Vun Kaas assen. In: Das lustige Buch der Erzgebirger. Leipzig: Hofmeister 1954, S. 24.
Is Geschlingk. In: Sachsenbuch, Leipzig 1996.
Die Schwamme, die verkaafen mir. In: Das lustige Buch der Erzgebirger.

Kurt Arnold Findeisen **S. 61**
*1883 in Zwickau, † 1963 in Dresden. Sächsisch-erzgebirgischer Heimatschriftsteller mit umfangreichem Lebenswerk und vielen populären Gedichten und Liedern. Autobiografie: „Der Perlenwagen. Bilderbogen einer Kindheit" (1964).
*Die Karpfengräte.** In: Der Perlenwagen. Frankfurt/Main: Weidlich 1964, S. 94–96 (gekürzt).

Werner Fuchs **S. 152**
Näheres nicht bekannt. Gelegentliche Mitarbeit am „Erzgebirgischen Weihnachtsbüchlein", der seit 1961 erscheinenden alljährlichen Veröffentlichung des Erzgebirgsvereins e. V.
Naschguschn. In: Erzgebirgsverein e. V. (Hrsg.): Erzgebirgisches Weihnachtsbüchlein. 25. Ausgabe. Kirchberg: Erzgebirgsverein 1985, S. 67.

Helga Großmann **S. 28**
Näheres nicht bekannt. Gelegentliche Mitarbeit am „Erzgebirgischen Weihnachtsbüchlein".
De Gummikließ. In: Erzgebirgsverein e. V. (Hrsg.): Erzgebirgisches Weihnachtsbüchlein. 13. Folge. Frankfurt/Main: Erzgebirgsverein 1973, S. 62/63.

Anton Günther (Toler-Hans-Tonel) **S. 121**
*1876 in Gottesgab (jetzt Božidar), † 1937 in Gottesgab (Freitod). Lithograf; böhmisch-erzgebirgischer Liederdichter und Volkssänger. Bekannt geworden durch seine von ihm selbst gestalteten, verlegten und vertriebenen Liedpostkarten und seine umfangreiche Vortragstätigkeit. Autobiografischer Text in der Einleitung zu „Vergaß die Haamit net" (1911).

Der Schwammegieher. In: Gerhard Heilfurth (Hrsg.): Anton Günther. Gesamtausgabe der Liedertexte, Gedichte, Sprüche und Erzählungen. Schwarzenberg: Glückauf 1937, S. 61.

Egon Günther **S. 40**
*1927 in Schneeberg. Lehrer und Verlagslektor; Schriftsteller und einer der bekanntesten Filmregisseure der DDR, aus politischen Gründen in seiner Arbeit behindert. Ab 1979 Autor und TV-Regisseur in der Bundesrepublik Deutschland. Autobiografischer Roman „Einmal Karthago und zurück" (1975).
*Meine Großmutter hatte immer ein einfaches Essen parat**. Aus: Einmal Karthago und zurück. © Aufbau Verlag GmbH & Co. KG, Berlin 1975 (die Originalausgabe erschien erstmals 1975 im Aufbau-Verlag; Aufbau ist eine Marke der Aufbau Verlag GmbH & Co. KG).

Rudolf Haas **S. 58**
Näheres nicht bekannt. Erzgebirgischer Mundartautor. Regelmäßige Mitarbeit am „Erzgebirgischen Weihnachtsbüchlein.
Teire Brothaaring. In: Erzgebirgsverein (Hrsg.): Erzgebirgisches Weihnachtsbüchlein. 24. Ausgabe. Kirchberg: 1984, S. 64.

Ehrhardt Heinold **S. 19, 30, 37, 78, 125**
*1930 in Neuhausen/Erzgeb., lebt in Hamburg. Buchhändler, Verleger und Verlagsberater; Autor zahlreicher volkskundlicher Sachbücher und Nachschlagewerke zum Erzgebirge sowie von Anthologien zu sächsischen Themen.
Wie die Kartoffel ins Erzgebirge kam. Originalbeitrag für dieses Buch (Rechte beim Autor).
Aardäppelgetzen, Rauchermahd. Überliefert, aufgezeichnet von E. H.
I ditsch' mei Semmel. Originalbeitrag für dieses Buch (Rechte beim Autor).
Arm, Darm, Wasser warm. Überliefert aus dem Osterzgebirge.
Tante Ännes Erntejahr. Originalbeitrag für dieses Buch (Rechte beim Autor).

Kerstin Hensel **S. 82**
*1961 in Chemnitz, gelernte Krankenschwester, Studium am Literatur-Institut Johannes R. Becher in Leipzig; freie Schriftstellerin seit 1988, seit 1987 ständiger Lehrauftrag und seit 2002 Professur an der „Hochschule für Schauspielkunst Ernst Busch Berlin". Lehrtätigkeit auch an der Filmhochschule Potsdam und am Deutschen Literatur-Institut in Leipzig. Autorin von Romanen und Erzählungen, z. T. mit erzgebirgischem Hintergrund.
*Der Lehrer erzählt vom Neunerlei.** Aus: Neunerlei. Leipzig: Kiepenheuer 1997 (Rechte bei der Autorin), S. 31–39.

Bruno Herrmann **S. 17**
*1870 in Königswalde bei Annaberg, † 1927 in Leipzig. Bürgermeister und Kammerrat in Lauter; Mundartdichter.
Dorten drubn sei mir derham. In: Horst Henschel (Hrsg.): Singendes Land. Leipzig: Hofmeister 1939, S. 97/98.

Rudolf Herzog **S. 136**
Näheres nicht bekannt. Ständige Mitarbeit am „Erzgebirgischen Weihnachtsbüchlein".
Stollngeschichten. In: Erzgebirgsverein e. V. (Hrsg.): Erzgebirgisches Weihnachtsbüchlein. 28. Ausgabe. Frankfurt/Main: Erzgebirgsverein 1988, S. 40–42.

Reinhold Illing **S. 93**
*1884 in Kupferberg, † 1971 in Merkstein (Westfalen). Posamentierer; Mundartautor, Musiker und Komponist aus dem böhmischen Teil des Erzgebirges, aus dem er 1945 vertrieben wurde. Nachlass im Sudentendeutschen Musikinstitut in Regensburg.
's Heiern. Gekürzt. In: Horst Henschel (Hrsg.): Singendes Land. Leipzig: Hofmeister 1939, S. 100/101.

Fritz (eigtl. Friedrich Leberecht) Körner **S. 160, 173**
*1873 in Waschleithe, † 1930 in Beierfeld. Kaufmann; Schriftsteller, schrieb vor allem Geschichten in erzgebirgischer Mundart, die er zum Teil im Selbstverlag herausbrachte.
De Kaffeestund. In: Horst Henschel (Hrsg.): Singendes Land. Leipzig: Hofmeister 1939, S. 108/109.
Wie dr Kanter Brust de Speisekart osinge mußt. In: Vun Balzerkarl e Rutkallegeschicht. Leipzig: Hofmeister o. J., S. 242–247.

Friedrich Hermann Löscher **S. 54, 94, 117**
*1860 in Annaberg, † 1944 in Bärenstein/Erzgeb. Theologe, 43 Jahre lang Pfarrer in Zwönitz; Erzgebirgskenner und Heimatforscher, Autor zahlreicher heimatkundlicher Aufsätze. Nicht zu verwechseln mit seinem ebenfalls als Heimatforscher tätigen gleichnamigen Sohn (Jurist; *1888 in Zwönitz, † 1967 in Dresden).
Die Christmette und der – Hering. In: Mutter Heimat. Annaberg: Graser 1907, S. 25–28.
*Das Lied vom Ochsenbraten oder Das Kantoreibier.** In: Woldemar Müller (Hrsg.): Kalender für das Erzgebirge und das übrige Sachsen. Leipzig: Strauch 1913, S. 63–65.
Warum die alte Hanne die schönsten Erdbeeren baute. In: Mutter Heimat. Annaberg: Graser 1907, S. 36–38.

Heinrich Lorenz **S. 86**
Näheres nicht bekannt. Gelegentliche Mitarbeit am erzgebirgischen Weihnachtsbüchlein.
De „Tradition“. In: Erzgebirgsverein e. V. (Hrsg.): Erzgebirgisches Weihnachtsbüchlein. 28. Ausgabe. Frankfurt/Erzgebirgsverein 1988, S. 43.

Esther Melzer **S. 46, 142**
*1920 in Crottendorf, † 2009 in Wuppertal. Regelmäßige Mitarbeit am „Erzgebirgischen Weihnachtsbüchlein“.
Ne Maxel sei Weihnachtswunsch. In: Erzgebirgsverein (Hrsg.): Erzgebirgisches Weihnachtsbüchlein. 21. Ausgabe. Kirchberg: Erzgebirgsverein 1981, S. 50/51.
*Dor erschte Stolln is schie parad.** Aus: Ben Wenzel Paul. In: Erzgebirgisches Weihnachtsbüchlein. 26. Ausgabe. Frankfurt/Main: Erzgebirgsverein 1986, S. 96.

H. Montanus (Heinrich Jacobi) **S. 123**
*1845 in Schneeberg, † 1916 in Schneeberg. Lehrer und Realschuldirektor; Heimatschriftsteller. Veröffentlichte Erzählungen und Gedichte, z. T. in Mundart, sowie volkskundliche und geologische Abhandlungen und auch ein Schauspiel.
's Ädöppelrausduh. In: Woldemar Müller (Hrsg.): Kalender für das Erzgebirge und Vogtland 1905. Annaberg: Graser 1904, o. P.

Irmtraud Morgner **S. 20**
*1933 in Chemnitz, † 1990 in Berlin. Eine der wichtigsten Schriftstellerinnen der DDR, Tochter eines Lokomotivführers, Studien der Germanistik und Literaturwissenschaft. Trägerin verschiedener Literaturpreise. Veröffentlichte Erzählungen und Romane, u. a. „Hochzeit in Konstantinopel“ und „Die wundersamen Reisen Gustavs des Weltfahrers“, in denen sie zum Teil auf ihre Kindheitserlebnisse im Erzgebirgsvorland zurückgriff.
*Meine Großmutter hatte eine Vorliebe für billige Gerichte.** Aus: Hochzeit in Konstantinopel. München: dtv 1972, S. 80–84.

Emil Müller **S. 45, 47, 103, 150**
*1863 in Annaberg, † 1940 in Leipzig-Schönefeld. Lehrer in Ehrenfriedersdorf, Schönefeld bei Leipzig und von 1887 bis 1932 in Dresden; erzgebirgischer Heimatdichter, veröffentlichte unter dem Namen „Müller, Emil (Dresden)“. Schrieb Erzählungen und Volksstücke und verfasste volks- und heimatkundliche Aufsätze im „Glückauf“, der Zeitschrift des Erzgebirgsvereins.
D'r Gorkenmah. In: Mei liebes Aarzgebärg. Chemnitz: Thümmler 1922, S. 5/6.
De guten Wörschteln. In: Mei liebes Aarzgebärg. Chemnitz: Thümmler 1922, S. 66–8.

Wenn ich nu su de ganze Woch. In: Horst Henschel (Hrsg.): Singendes Land. Leipzig: Hofmeister 1939, S. 131/132.
Praktische Kaffeesäck. In: Mei liebes Aarzgebärg. Chemnitz: Thümmler 1922, S. 49/50.

Lenelies Pause (Helene Louise Schippel) **S. 141, 154**
*1895 in Bad Elster, † 1974 in Wuppertal. Verfasserin von Heimatromanen und -erzählungen. Chronistin des Dresdner Christstollens. Autobiografie: „Eine Jugend im Walde".
Vom königlichen Kindlein. Aus: Vom königlichen Kindlein. 6. Auflage. Hamburg: Marion von Schröder 1966, S. 53–55.
Tränen über einen Osterhasen. In: Eine Jugend im Walde. Dresden: Bastei 1937, S. 63–67.

Luise Pinc geb. Seifert **S. 31**
*1895 in Satzung, † 1982 in Satzung. Gelernte Laden- und Wirtschaftshilfe, Kranzbinderin; Verfasserin von etwa 1000 Gedichten und über 50 Liedern, die sie wie Anton Günther auf Liedpostkarten im Selbstverlag vertrieb, sowie von Theaterstücken und Sagen. Zusammen mit ihrer jüngsten Schwester Hildegard Eckhardt trat sie ab 1933 als Gesangsduo „De Tischer-Maad" auf, nach dem Zweiten Weltkrieg mit ihren drei Kindern als „Luise Pinc und ihre Töchter".
Kimmst zeitig früh an's Heisl na. In: Erzgebirgsverein e. V. (Hrsg.): Haamitland, mei Arzgebirg. Hofheim: Hofmeister 1987, S. 72.

Manfred Pollmer **S. 21, 37, 113, 114, 115, 158**
*1922 in Geyer, † 2000 in Geyer. Gemeindebeamter, Speditionskaufmann, Buchhalter und freiberuflicher Pressekorrespondent; Mundart- und Heimatschriftsteller, Mundartsprecher sowie Heimathistoriker. Nicht zu verwechseln mit seinem älteren Bruder Karl Hans Pollmer (*1911 in Herold, † 1987 in Dresden), der als Pastor und ebenfalls als Heimatschriftsteller wirkte.
Rauche Mad. In: Wu iech derham bie. Leipzig: Zentralhaus-Publikation 1987, S. 91.
Eibrock. In: Wu iech derham bie. Leipzig: Zentralhaus-Publikation 1987, S. 93/94.
*Eigeweckte*s: In: Wu iech derham bie. Leipzig: Zentralhaus-Publikation 1987, S. 92/93.
Hiebeer-Lied. In: Wu iech derham bie. Leipzig: Zentralhaus-Publikation 1987, S. 94.
Aßt se net su nei. In: Wu iech derham bie. Leipzig: Zentralhaus-Publikation 1987, S. 95.
Kirmeskuchn. In: Dort, wu de Barg voll Walder sei. Leipzig: Sachsenbuch 1993, S. 48/49.

Wolfgang Richter **S. 25, 32, 44**
*1943 in Oberneuschönberg, einem späteren Stadtteil von Olbernhau/Erzgebirge, Lehrer für Deutsch, Russisch und Musik an der Schule Deutschneudorf/Erzgeb., später im Spielzeugdorf Seiffen. Kam über die nebenberuflich ausgeübte Tätigkeit als Tanzmusiker nach der politischen Wende zur erzgebirgischen Volksmusik, Auftritte mit Kindern und Jugendlichen vor Touristen und zu Volksfesten, in diesem Rahmen entstanden erste eigene Lieder und Gedichte in erzgebirgischer Mundart, als Teil des „Schweinitztal-Duos“ Gestalter von erzgebirgischen „Hutzenabenden“ mit ca. 80 % Eigenkompositionen.
De Rauchemad. In: Leinöl un Quark – in der Hutzenstub schmeckts fei gut. CD. Deutschneudorf: Schweinitztal – Duo o. J., Lied Nr. 4.
De Getzenpfann. In: Leinöl un Quark – in der Hutzenstub schmeckts fei gut. CD. Deutschneudorf: Schweinitztal – Duo o. J., Lied Nr. 6.
Leinöl un Quark. In: Leinöl un Quark – in der Hutzenstub schmeckts fei gut. CD. Deutschneudorf: Schweinitztal – Duo o. J., Lied Nr. 10.

Karl-Heinz Schmidt **S. 33, 109**
*1938 in Chemnitz. Aufgewachsen in Rittersgrün, acht Jahre Bäcker-, Lehr- und Gesellenzeit. Vier Jahre Studium der Theologie und Praktikum. Pfarrstellen: fünf Jahre Rollwitz bei Pasewalk – 15 Jahre Markersbach/Erzgebirge – 15 Jahre Klingenthal-Sachsenberg. Lebt im Ruhestand in Klingenthal. Autor zahlreicher heiterer, in Mundart verfasster Erzählbände.
*Drackite Supp.** Aus: Gemischtes. In: Eierquatsch un drackite Supp. Leipzig: Evangelische Verlagsanstalt 1998 (Rechte beim Autor), S. 62–63.
*Gleich nebenan.** Aus: Eingekehrt. In: Eierquatsch un drackite Supp. Leipzig: Evangelische Verlagsanstalt 1998 (Rechte beim Autor), S. 53.
Drei Bier, Herr Wirt! In: Wie dr Schnoobl gewachsen is. 2. Auflage. Leipzig: Sachsenbuch 1997, S. 33/34.

Otto Eduard Schmidt **S. 85**
*1885 in Reichenbach (Vogtland), † 1945 im Bombenangriff auf Dresden. Historiker, Lehrer in Dresden, St. Afra Meißen, Wurzen, Freiberg, verfasste ca. 180 Schriften zu sächsischen Themen. Hauptwerk: Kursächsische Streifzüge (7 Bände).
*Die unerlässliche Grundlage der Feststimmung.** In: Kursächsische Streifzüge. 5. Band: Aus dem Erzgebirge. Dresden: v. Baensch Stiftung 1922. Zitiert nach: Prinz Albert von Sachsen: Weihnacht in Sachsen. Bamberg: BVB 1922, S. 35.

Ursula Schöner **S. 63**
Näheres nicht bekannt. Gelegentliche Mitarbeit am „Erzgebirgischen Weihnachtsbüchlein“.
*Pferdefüttern und Karpfenschmaus.** In: Erzgebirgsverein e. V. (Hrsg.):

Erzgebirgisches Weihnachtsbüchlein. 17. Ausgabe. Frankfurt/Main: Erzgebirgsverein 1977, S. 30.

Lotti Scholz **S. 161, 165**
Näheres nicht bekannt. Gelegentliche Mitarbeit am „Erzgebirgischen Weihnachtsbüchlein".
Vorweihnachtsfreuden in Kindheitstagen. In: Erzgebirgsverein e. V. (Hrsg.): Erzgebirgisches Weihnachtsbüchlein. 25. Ausgabe. Kirchberg: Erzgebirgsverein 1985, S. 8–11.
Die Pfefferkuchenfrau hat gefehlt. In: Erzgebirgsverein e. V. (Hrsg.): Erzgebirgisches Weihnachtsbüchlein. 24. Ausgabe. Kirchberg: Erzgebirgsverein 1984, S. 19–21.

Anneliese Schreier **S. 131**
*1932. War Lehrerin in Aue; Mitarbeit beim Folklorezentrum „Erzgebirge/Vogtland" und an der Chemnitzer Literaturwerkstatt der „Freien Presse".
Backdrahsch. In: Autorenkollektiv (Hrsg.): „Plauderstunde". Schneeberg: Folklorezentrum Erzgebirge/Vogtland 1989, S. 64.

Otto Schwalbe **S. 87**
Näheres nicht bekannt. Autor eines Bandes mit Erzählungen in erzgebirgischer Mundart (1953).
E guter Appetit. In: Loßt eich derzehln. 2. Auflage. Berlin: Union 1953, S. 99–101.

Rolf Seiffert **S. 38, 77, 140**
*1933 in Gablenz/Erzgebirge. Grafik-Designer, Kalligraf, Illustrator; Buchautor. Lebt in Kierspe im Sauerland. Autobiografie: „Bekenntnisse einer grauen Maus" (s. nachstehend), „Ach- und Lachgeschichten einer grauen Maus" (1988).
*Der Quark quoll mir aus allen Knopflöchern.** Aus: Bekenntnisse einer grauen Maus. Lahr: St. Johannis 1985, S. 55/56.
*Schlachtfest und Federnschleißen.** Aus: Bekenntnisse einer grauen Maus. Lahr: St. Johannis 1985, S. 53–57.
*Ein genussvolles Ritual.** Aus: Bekenntnisse einer grauen Maus. Lahr: St. Johannis 1985, S. 53.

Hans Siegert **S. 17**
*1868 in Hammerunterwiesenthal, † 1941 in Leipzig. Lehrer und Schuldirektor; Autor zahlreicher Gedichte, Lieder, Geschichten und Theaterstücke in Mundart und auf Hochdeutsch sowie volkskundlicher Abhandlungen.
Ardäppel-Lied. In: Erzgebirgsverein e. V. (Hrsg.): Haamitland, mei Arzgebirg. Hofheim: Hofmeister, S. 90/91. Das Gedicht wurde von Richard Wagner-Buchholz vertont.

Hans Soph **S. 145**

*1869 im damals österreichischen Platten (Horni Blatná), † 1954 in Zwickau. Porzellanmaler. Komponist; Mundartdichter und erzgebirgischer Volkssänger, ließ viele seiner Lieder wie Anton Günther auf Postkarten drucken.

E Töppele Kaffee. In: Aus unnern alten Arzgebirg. Leipzig: Hofmeister 1939, S. 202/208.

Friedrich Straumer **S. 90**

*1840 in Buchholz (heute Annaberg-Buchholz), † 1900 wahrscheinlich in Chemnitz. Aufgewachsen in Stollberg, wo seine Eltern das Gasthaus „Weißes Roß" bewirtschafteten. Lehrer, Dr. phil., Professor, Autor zweier Bändchen „Allerlei aus dem Erzgebirge in Bildern und Geschichten" mit autobiografischem Hintergrund (Annaberg: Graser 1891).

*Ein Kirmestag auf dem Lande.** Aus: Allerlei aus dem Erzgebirge. 3. Auflage. Annaberg: Graser 1903 (Reprint Stollberg: Lindner 2003), S. 27–29.

Max Tandler **S. 53, 67**

*1895 im damals österreichischen Teil von Zinnwald (Linovec), † 1982 in Forchheim/Oberfranken. Tätigkeit im Gemeinde- und Sparkassendienst, ab 1930 Lehrer in der damaligen Tschechoslowakei; nach 1945 Lampenschirmmaler, Heimarbeiter, arbeitslos; freier Schriftsteller in Forchheim; gilt als Hauptvertreter der osterzgebirgischen Mundartdichtung. Auch hochdeutsche Dichtungen. Autobiografischer Text: „Über sich selbst" in „Bargmond" (Dresden: Bastei 1937). Im Eigenverlag des Arbeitskreises Böhmisch-Zinnwald sind 1998 gesammelte Werke unter dem Titel „Besinnliches aus dem Erzgebirge" erschienen.

E gorschtscher Schmotz. In: Mei Gebarche du. Reichenbach: Kraus o. J., S. 27.

De „Speisekorte". In: Mei Gebarche du. Reichenbach: Kraus o. J., S. 46.

Ormis Kalwl! In: Mei Gebarche du. Reichenbach: Kraus o. J., S. 61/62.

Überliefert **S. 81, 171**

Heilig-Ohmd-Lied. Der Johanne Auguste Amalie von Elterlein zugeschrieben. Auszug aus: Das Weihnachtsfest. In: Johann Traugott Lindner: Wanderungen durch das Sächsische Obererzgebirge. Annaberg: Rudolph und Diderici 1848 (Reprint Leipzig: Zentralantiquariat 1984), S. 53/54.

Die Entstehung des Freiberger Bauerhasen. In: Walter Nachtigall/Dietmar Werner (Hrsg.): Der böse Advokat. Berlin: Die Wirtschaft 1986, S. 190–191.

Verfasser unbekannt **S. 18**

Getzen und Pflaume schmecken gut. Aus: Annaberger Bergmannsmarsch (Frohnauer Text). In: Horst Henschel (Hrsg.): Singendes Land. Leipzig: Hofmeister 1939, S. 2.

Karl-Heinz Vogel **S. 132**
Näheres nicht bekannt. Gelegentliche Mitarbeit am „Erzgebirgischen Weihnachtsbüchlein".
Geschichten und Erlebnisse um den Weihnachtsstollen. In: Erzgebirgsverein e. V. (Hrsg.): Erzgebirgisches Weihnachtsbüchlein. 37. Ausgabe. Schneeberg: Erzgebirgsverein 1998, S. 6/7.

Max Wenzel **S. 11, 26, 60, 64, 146**
*1879 in Ehrenfriedersdorf, † 1946 in Chemnitz. Lehrer; Autor zahlreicher Geschichten und Gedichte in erzgebirgischer Mundart, gehört „zu den ganz Großen der Mundartdichtung des Erzgebirges" (Manfred Pollmer, s. dort). Verfasste heimathistorische Abhandlungen und Reiseführer sowie Liederspiele; Herausgeber von Anthologien.
Von guten Assen un Trinken. In: Aus unnern alten Arzgebirg. Leipzig: Sachsenbuch 1991, S. 170–171.
Raachemaad. In: Aus unnern alten Arzgebirg. Leipzig: Sachsenbuch 1991, S. 174–175.
Aa richtig! In: Aus unnern alten Arzgebirg. Leipzig: Sachsenbuch 1991, S. 92.
Zwaa Mannsen warn ben Karpenschmaus. Aus: Klapphornvarschle. In: Aus unnern alten Arzgebirg. Leipzig: Sachsenbuch 1991, S. 143.
E Schalle Kaffee. In: Aus unnern alten Arzgebirg. Leipzig: Sachsenbuch 1991, S. 166–170.

Mit * gekennzeichnete Titel stammen vom Herausgeber. Bei der Angabe „In" handelt es sich um einen in sich geschlossenen Beitrag, der entnommen wurde, bei „Aus" um einen Textauszug.

Verlag und Herausgeber danken allen Autoren, Rechtsinhabern und Verlagen für die freundlichen Erlaubnisse zum Abdruck der Beiträge. In den Fällen, in denen die Inhaber der Rechte trotz aller Bemühungen nicht festzustellen oder erreichbar waren, verpflichtet sich der Verlag, rechtmäßige Ansprüche im üblichen Rahmen abzugelten.

Rezepte

Soweit nicht anders angegeben, wurden die Rezepte vom Herausgeber nach familiären Überlieferungen aufgezeichnet.

Inhaltsverzeichnis

„Bei eich hoot's heinte Harich gah"

„Mei ormis Mutschl ward verkeeft"

„Mer hon ah neunerlah gekocht,
ah Worst un Sauerkraut"

„Wenn ich nu su de ganze Woch mich ogerackert ho,
do gieh ich Sunnobnd obnd ganz gern emol in Gasthuf no"

„Wollt ihr mol unnern Kaller sah?
Kommt, guckt mol in ne nei!“

„Kinner, putzt de Schüsseln blank,
hult dos Backzeig aus’n Schrank“

„Ich bi zefrieden un vergnügt ben Töppele Kaffee!“